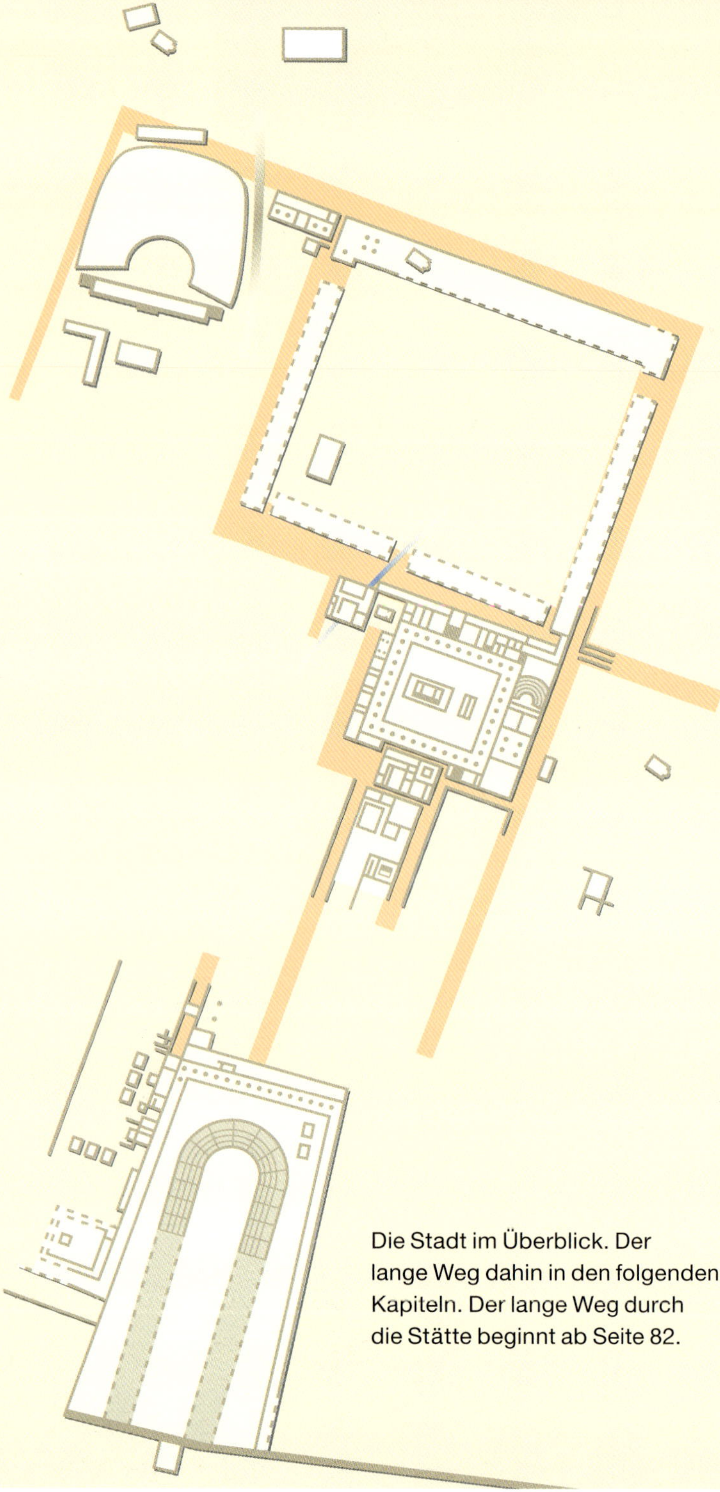

Die Stadt im Überblick. Der lange Weg dahin in den folgenden Kapiteln. Der lange Weg durch die Stätte beginnt ab Seite 82.

ΛΥΣΟ

Eva Maria Lang
Dr. Waltraud Sperlich

Messene

Die erträumte Metropole

Wir haben ihre Statuen zerschlagen,
Wir haben sie aus ihren Tempeln vertrieben,
Und doch sind sie nicht tot, die Götter.
Konstantinos Kavafis

Wir danken Petros Themelis und seinen Mitarbeitern, die uns wieder und wieder teilhaben ließen an ihren Entdeckungen.

book@lyso.gr
Zweite Auflage 2009
Printed in Germany

Inhalt

Gelobtes Land: „Die Hügel sind da sanfter. Die Berge beeindruckender. Selbst im Sommer ist es grün. Wasser hat es da im Überfluss.“

Heimat. Zweimal

Auf deiner Insel ist es schön,
und du bist die Schönste, Göttin!
Aber ich wünsche dennoch und sehne mich täglich von Herzen,
wieder nach Hause zu gehn.
Odysseus

Monika S. denkt nicht daran. Nicht mal im Traum. Thelxippa hat immer daran gedacht. Es war ihr Traum.

Monika S. lebt heute und in München. Weil es ihr hier während des Studiums so gut gefiel, hat sie sich diese Stadt als Wohnort ausgesucht. Geboren wurde sie in einer Kleinstadt nahe Ulm, in die es ihre Eltern nach dem Krieg verschlagen hatte.

Thelxippa lebte einst in Messene auf Sizilien, das die Italiener dann später Messina nannten. Zwanzig war sie gerade geworden in jenem besonderen Sommer, als während der 102. Olympiade ein gewisser Damon wie schon vier Jahre zuvor den Stadionlauf gewann. 372 v. Chr. in unserer Geschichtsschreibung, weil man die Zeit nicht mehr am Sport und den Halbgöttern, sondern an dem nun einzigen Gott misst.

Mit Thelxippa wartete ihre Familie gespannt auf die neuesten Nachrichten aus Olympia. Von den Boten wollten sie neben den Sportreportagen mehr über das Umfeld der Spiele hören. Von dem Land, das Thelxippas Sippe als das ihre ansah, obwohl keiner der Anverwandten es jemals gesehen hatte. Bis auf den Urgroßvater, der dort noch zur Welt kam, aber mit seinen Eltern flüchten musste, kaum dass er laufen konnte. Nun war er um die neunzig und was noch an Bildern in seinem Kopf gewesen war, hatte er mit dem Gedächtnis verloren.

Thelxippas Großväter und Großmütter, ihr Vater und die Mutter, die Onkel und Tanten, sie und ihre Geschwister waren im sizilianischen Messene geboren, fühlten sich jedoch in ihrer Geburtsstadt nie daheim. Genauso ging's dem jungen Mann, den Thelxippa vor kurzem geheiratet hatte. Auch seine Familie war seit Generationen in Messene ansässig, mit dem Herzen allerdings immer woanders.

Die Eltern von Monika S. stammten beide aus Schlesien, haben dann aber in der anderen Ecke Deutschlands ihre Bleibe gefunden. In Schwaben ein Haus gekauft. Einen Freundeskreis aufgebaut. Gefragt, ob sie je wieder in ihre alte Heimatstadt Neiße zurückkehren wollten, schüttelten sie immer bestimmt den Kopf: „Nein. Sicher nicht. Unser Zuhause ist jetzt hier. Drüben in Schlesien wären wir doch wieder Fremde."

Könnte sich Monika S. vorstellen, ins Land ihrer Eltern zu ziehen? Jetzt, wo mit der EU-Osterweiterung eine Rückkehr möglich wäre? Ein abwegiger Gedanke für sie: „Nach Schlesien auswandern, nur weil meine Eltern von dort stammen? Nie und nimmer! München ist meine Heimat. Hier haben wir uns unser Heim geschaffen."

Ihr Mann nickt. Auch der Vater von Horst S. wurde in Schlesien geboren, was es für ihn aber nicht zum Vaterland macht.

Am Vorväterland hielt Thelxippa fest. Zur Zeit der ersten Olympiade waren ihre Urahnen aus Messenien vertrieben worden, einem Land im Südwesten des Peloponnes.

Die Flüchtlinge siedelten sich rund ums Mittelmeer neu an und gründeten Städte, die sie wie auf Sizilien in alter Anhänglichkeit Messene nannten. Obwohl sie unter Messeniern wohnten, Sizilien dazu noch griechische Kolonie war, sperrten sich Thelxippa und die Ihren gegen das Heimischsein. Ihre Heimat, so betonten sie, vertonten sie immer wieder, lag ganz woanders.

Wenn es nun hieße: „Auf ihr Schlesier. Ihr könnt das Land eurer Väter wieder besiedeln!" Was würde der Sohn von Monika und Horst S. von solch einem Aufruf halten? „Nichts", antwortet Fabian S. kategorisch. Der Student kann sich vorstellen, in England zu leben, in Frankreich, vielleicht auch in Spanien. „Aber sicher nicht in Schlesien. Nur weil meine Großeltern von dort stammen, muss ich ja nicht hin."

Thelxippa hätte ob dieser Heimatunverbundenheit ihren schönen Kopf geschüttelt und fassungslos „oh du lieber Aristomenes" gesagt. Sie litt wie alle Messenier an der gleichen Erbkrankheit: dem Heimweh. Die Sehnsucht nach einem Land, das keiner kannte, wurde von Generation an Generation weitergegeben. In ihren Hymnen wurde die Schönheit Messeniens besungen, in ihren Gedichten seine Einzigkeit festgeschrieben und das Heimatlied als Schlaflied bestimmte ihre Träume. So waren die Messenier seit nunmehr vierhundert Jahren auf dem Sprung, in ihr gelobtes Land zurückzukehren.

Nicht das Weißt-du-noch bestimmte ihre Gespräche, sondern das Wenn-wir-erst-wieder. Beim üblichen Tagesmahl wie bei den Festmählern war die Rückkehr das beherrschende Thema. Auch in den Sportcentern redete man, so man nicht außer Atem war, von nichts anderem. In einem antiquierten Griechisch, mit dem sich die Athleten in Griechenland nur schwer verständigen konnten. Die da in den Gymnasien und Arenen für Olympia trainierten, hatten ja neben einem Sieg die Chance, dem alten Heimatland ziemlich nahe zu kommen. Vielleicht waren ihnen vor lauter Nähe die Knie weich geworden, denn seit 52 Jahren hatten sie keinen Olympiasieger mehr gestellt. Wo doch die Messenier früher geradezu Medaillen scheffelten. Symmachos war der letzte gewesen, der nun alt und zahnlos immer wieder von Olympia erzählte. Nicht von seinem Triumph, sondern vom schönen Peloponnes. „Die Hügel sind da sanfter. Die Berge beeindruckender. Selbst im Sommer ist es grün. Wasser hat es da im Überfluss."

Ihr Messenien würde bald wieder auferstehen. Da waren sich die Messenier in Sizilien, Italien, Nordafrika und Kleinasien sicher. Den neuen Staat malten sie sich in den schönsten Farben aus. Und erst die künftige Hauptstadt! Die Welt würde Augen machen.

So träumten die Messenier. Sie träumten von der Rückkehr. Und deshalb hatte alles, was sie träumten, mit der Rückkehr zu tun. Im Jahr der 102. Olympischen Spiele war nicht der abermalige Sieg des Damon das Aufregendste. Ein anderer Sieg lag in der Luft, wie hochpriesterliche Träume ankündigten. Was den Götterdienern des Nachts durch den Kopf fuhr, hatte in der Antike großes Gewicht. Jeder Albtraum ließ Fürchterliches erahnen, süße Träume dagegen verhießen nur Gutes. Auch die wollüstigen hielt man nicht unter der Decke, denn was immer die Priester im Traum trieben, hatte etwas Anständiges zu bedeuten. In jenem Sommer also, als Damon abermals in Olympia gewann, erschien einem der Berufsträumer im sizilianischen Messene der Sportsgott Herakles. Zeus habe ihn verführt, flüsterte er dem Schlafenden ein, auf den Ithome zu kommen. Der Priester war sofort hellwach. Ithome! Dieser Berg lag auf dem Peloponnes und im Herzen Messeniens und war seit jeher Zeus und den Messeniern heilig. Jenseits des Mittelmeers träumte ein Tempeldiener im messenischen Libyen, er triebe es wie toll mit seiner toten Mutter. Worauf sie stöhnte und wieder lebendig wurde.

Zeus

Oberster der griechischen Götter und absoluter Playgod. Am liebsten spielte er den Stier und holte in dieser Verkleidung Europa nach Europa. Auch als Schwan kam er gut an – siehe Leda. Weil er so tierisch viril war, platzte der Olymp bald aus allen Nähten.Und Göttergattin Hera aus der Haut. Über tausend Götter und Halbgötter soll Zeus gezeugt haben, darunter Aphrodite, Apoll, Artemis, Eros, Herakles, Dionysos.

Solche Träume waren für die Messenier kein Schweinekram, sondern deutliche Zeichen, dass die Rückkehr bevorstand. Die Auferstehung der Mutter konnte doch nur die Auferstehung des Mutterlandes bedeuten! Im Jahr der 102. Olympischen Spiele wartete ein Volk auf sein Startsignal.

Die Vorgeschichte

Mächtige Mauern waren nicht nur zum Schutz da. Vielmehr stellten sie ein Statussymbol dar, um aller Alten Welt zu zeigen, dass der Herrscher ebenso mächtig war.

Dickes Blut

Weh euch, Achäer!
Was ihr Troja und den Trojanern angetan,
wird über euch, eure Kinder und Kindeskinder kommen!
Kassandra

Was hat dieses Land, dass man es nicht vergessen konnte, auch wenn man es nur vom Hörcnsagen kannte?

Zuallererst seine Natur. Die südwestliche Ecke des Peloponnes ist eine der schönsten im ganzen Mittelmeerraum. So sahen es auch die Steinzeitler, die zu neuen Jagdgründen paddelten, als es vor gut 10 000 Jahren nach der letzten Eiszeit endlich wieder wärmer wurde. Schon auf den ersten Blick fühlten sie sich zu den Küsten hingezogen. Pinien über Pinien drängten sich an den Uferhängen, verhakten sich zu

Zeichen einer großen Vergangenheit: Ein steinerner Stamm neben dem einer Olive.

Achäer

So heißen bei Homer die Griechen und so hießen sie wohl zu mykenischen Zeiten tatsächlich, wie Schreiben der Hethiter nahe legen. Diese Bronzezeitgenossen der Mykener, die einst Supermacht im östlichen Mittelmeerraum waren, erwähnen die „Ahhijawa", die ihnen gefährlich werden. An der Westküste Kleinasiens hatten die Mykener Außenposten errichtet.

einem Nadelurwald. Die Jäger und Sammlerinnen, die Sammler und Jägerinnen schwärmten begeistert aus, störten aber nicht den grünen Frieden, da sie nur zur Pirsch einfielen.

Mit der Sesshaftigkeit fing das Unglück an. Ein Bauer muss der Natur das Land entreißen und dann aufpassen, dass man es ihm nicht wieder entreißt. Eigentum will verteidigt sein und so rief der Besitz letztlich den Krieg auf den Plan.

Thelxippas Vorvorfahren, des Völkerwanderns müde, steckten ihre Claims um 2500 v. Chr. in Messenien ab. Beschieden sich die ersten Bauern mit der Scholle in den Talsohlen, wollte die Schar der Nachkommen schon höher hinaus. Mit der Einführung des Pflugs um 2000 v. Chr. stieg zwar der Standard, doch ging's mit der Natur bergab. Leicht ließ sich jetzt immer mehr Land bewirtschaften und so legten die Neueingesessenen bald Hand an die Hügel. Nach dem rigorosen Roden verlor hier der Humus den Halt und die Wolkenbrüche wuschen ihn Winter nach Winter aus dem Karst.

Allem alten Menschenwerk gehen die Archäologen nach, auch einer hausgemachten Erosion. Woran es gefehlt hat, gibt mit Aufschluss über den einstigen Zeitgeist. So sind neben Bauten nun die Gedankengebäude von großem Interesse. Was hat zum Beispiel die Umwelt den Altvordern bedeutet? Wurde sie früher überhaupt beachtet, will man jetzt herausbekommen. Ein guter Umgang mit der Natur zeuge in gleicher Weise von Kultur wie ein Palast, haben die Forscher umgedacht. Deshalb arbeiten bei Ausgrabungen die Altertums- und Pflanzenkundler mittlerweile Seit an Seite. Die ersten fegen Fundamente sauber, letztere saugen Blütenstaub. Unter Luftabschluss überdauern Pollen Äonen und speichern quasi als Mikrochip der Natur den Artenreichtum gewesener Vegetationen. Da dies organisches Material ist, kann man das Alter mit der C-14-Methode bestimmen. Gewächse absorbieren radioaktiven Kohlenstoff aus dem Kohlendioxyd der Luft, der mit der Zeit gesetzmäßig zerfällt. Aus dem Rest lässt sich dann errechnen, wann ein Baum in Blüte stand. Und wie viele welcher Art, kann man mit der Auszählung und Identifizierung der Keimzellen bestimmen. So blickt man per Elektronenmikroskop zurück in bunte Vorzeiten und sieht so Landschaften in rasantem Wandel.

Mitunter entdecken die Archäobotaniker eine kulturelle Blüte. So wuchs in einem Winkel des Peloponnes um 1250 v. Chr. das Umweltbewusstsein im gleichen Maße, wie die Achäer stark und stärker wurden. Zu diesen frühen Griechen, vom zentralen Mykene dominiert, gehörte Thelxippas mythischer Urahn. Der „Ruhm der Achäer“ residierte im „sandigen Pylos“, das damals die Hauptstadt jener Gegend war, die dereinst Messenien heißen sollte. Homer nennt den König von Pylos stereotyp den Weisen, zu Recht, was man auch an seiner Umweltpolitik ablesen kann.

Dieser Ur-Öko ist Nestor, der um 1250 v. Chr. seine Untertanen mobil macht. Erst mal für Green Peace, denn Jahre vor dem Trojanischen Krieg rekrutiert er ein Heer von Arbeitern, das um die Natur zu kämpfen hat. Die Erde muss gerettet werden – wenigstens der verschwindende Rest des Mutterbodens, der noch an den Hängen haftet. Erste Umweltschäden gilt es hier zu beheben, da die Urbauern für Weide und Getreide die Wälder verheizt haben.

Die Stadtmauer Messenes, die eindrucksvollste in Griechenland.

Im Reich des Weisen ist man klug geworden und dämmt ein halbes Jahrtausend nach dem Rundumkahlschlag die Erosion ein. Nestors Ökotruppe befestigt die Halden mit Terrassen, deren Stützmauern nun unverwüstliche Rabatten fassen. Die Freitreppen aus Erde forstet man mit Bäumen auf, die mehr als nur Holz abwerfen: Oliven und Feigen, die sich hier festsetzen werden. Dazu passt sich am Rand die Walnuss an, die neue Errungenschaft aus Kleinasien, wo die

Bronzezeit

Beginnt um 3000 v. Chr., als die namensgebende Legierung gelingt. Die Mischung aus Kupfer und Zinn ist in puncto Härte nicht zu schlagen und die Kriege können beginnen. Kupferminen gibt es auf Cypern – nach dieser Insel wurde das Metall benannt – im Vorderen Orient, im Norden Griechenlands und Bulgarien. Doch das Zinn liegt nicht vor der Palasttür. Die nächsten Zinnminen, die Archäologen gefunden haben, sind in Usbeskistan und England. Der Mensch, schon damals Waffennarr, ging also meilenweit, um an Kriegsgerät zu kommen. Großmächte der Bronzezeit waren die Minoer auf Kreta, die Mykener auf dem Peloponnes mit ihren Hochburgen in Mykene, Tiryns, Sparta und Pylos; die Hethiter in Anatolien und Stadtstaaten wie Ugarit im Vorderen Orient. Dem Trojanischen Krieg fallen all diese Hochkulturen zum Opfer und die Bronzezeit geht um 1100 v. Chr. zu Ende.

Mykener gerade Unfrieden säen. In den Etagenplantagen werden die eben aus der Steige gestampften Anbauflächen gleich doppelt genutzt und so reifen unter dem Obst noch Feldfrüchte. Neben dem herkömmlichen Korn wie Gerste und Weizen probiert man schon Roggen aus, gerade aus Anatolien importiert. Sonnige Lagen sind wie geschaffen für Rebstöcke, die ganze Anhöhen in Weinberge verwandeln. Und die Raine der Haine werden zu Kräutergärten, da Koriander, Fenchel und Sesam das Salz der messenischen Küche sind.

Hera

Gattin des Zeus und somit oberste Göttin auf dem Olymp. Weil Paris sie bei der göttlichen Misswahl überging, betrieb sie mit allen Mitteln – auch typisch weiblichen – den Untergang Trojas. Zeus versuchte, ihren Rachefeldzug zu stoppen, was ihm – siehe Ausgang der Geschichte – nicht gelang. Womit bewiesen wäre, wer tatsächlich auf dem Olymp das Sagen hatte. Den Ruf als himmlische Zicke hat sie sicher zu Unrecht. Sie hielt es wie ihre irdischen Geschlechtsgenossinnen. Geht der Alte fremd, wird nicht er zur Rechenschaft gezogen, sondern die Nebenbuhlerin.

Lieber als Äcker und Ähren ist dem Achäer das Feld der Ehre. Da sich die geborenen Kämpen in Sachen Waffen naturgemäß als Spezialisten erwiesen, riss man sich im Mittelmeerraum um Schwerter und Speere made in Mykene und Pylos. Die Schmiede des Peloponnes galten ausgangs der Bronzezeit als die besten. Doch nicht nur um bronzenes Kriegsgerät schlug sich Kunde König. Ein weiterer Renner auf dem Alte-Welt-Markt waren Duft- und Salböle aus den mykenischen Faktoreien. Pharaonen orderten die tönernen Luxusflakons, die damaligen Tyrannen vom Tigris gaben Großbestellungen auf und das reiche Troja konnte sich jede Menge teuerstes Parfum leisten.

Der Handel machte die Achäer reich. Die Schatzkammern von Mykene und Pylos, von Tiryns und Sparta füllten sich, unter goldenem Geschirr bogen sich die Tische, unter goldenen Kronen die Häupter. Gräber wurden zu Goldgruben. Eigentlich hätten die Herrscher glücklich sein können, aber das schaffte der Mensch auch zu Frühzeiten nicht. Die Mykener wollten immer mehr. Mehr Bronze, mehr Gold und vor allem mehr Macht.

Im Nachbarland Messeniens soll der Krieg um Troja begonnen haben, berichtet jedenfalls Homer. Da, über den sieben Bergen des Taygetos, lebte im Schloss von Sparta einstmals Helena. Schöner Schwan und somit passender Spross aus der Liaison Ledas mit Zeus. Glücklich verheiratet mit Menelaos, bis Paris auftauchte, der nicht von ungefähr kam. Er holte sich nur seinen Preis ab, den Aphrodite ihm versprochen hatte.

Wie Hera, Athene und Aphrodite bei der Misswahl mit dem Apfel ausgerechnet auf den Trojaner als Schiedsrichter verfallen konnten! Unreifer Jüngling, der er war, hatte Paris nur eines im Kopf, was zwei der Allmächtigen ja nicht ahnen konnten. Hera versprach ihm, sollte er sie zur Schönsten küren, die Herrschaft über Asien und allen Reichtum dieser Erde. Paris gähnte. Athene versprach, ihn zum klügsten aller Männer zu ma-

Waren früher die Befestigungen aus unbearbeiteten Steinen, leistete sich Messene den Luxus behauener Quader.

chen. Paris gähnte. Aphrodite versprach ihm Weiber über Weiber, darunter die schönste Frau der Welt, was Paris putzmunter machte. Und was wählt ein junger Mann? Natürlich Weiber, und der Krieg begann. Paris entführte Helena und ganz Griechenland machte sich auf, sie mit Waffengewalt zurückzuholen.

So die Geschichten. Doch die Geschichte war anders, auch wenn Helena ein bella casus belli gewesen wäre. Wegen einer Frau, und sei sie noch so schön, kloppen sich nicht ganze Heere. Damals wie heute sind es wirtschaftliche Interessen, die zu Kriegen führen. Damals wie heute verbrämt man den wahren Kriegsgrund mit einer Mär.

Troja war die reichste Stadt in jener Vorzeit, weil sie den wichtigsten Rohstoff kontrollierte: die Bronze. Darum ging es den Achäern und deshalb waren sie für die Entführung – so es sie überhaupt gegeben hat – als Anlass zum Losschlagen äußerst dankbar. Schauermärchen sind immer gut, um Verbündete zu finden.

Die Liste der Mitkämpfer, die Homer in seiner „Ilias" anführt, ist beachtlich. Nestor allein befehligte ein „Geschwader von fünfzig geräumigen Schiffen". Soldaten fürs griechische Heer kamen auch von den „Felsanhöhen Ithomens", wo Zeus auf seinem Zweitolymp tapfere Bauern um sich scharte. Ihr Land, das schöne Messenien, sollte bluten.

Als ob er mit dem Trojanischen Krieg nicht schon genug am Hals hätte, klaut der oberste Feldherr Agamemnon die Braut Achills. Die griechische Kampfmaschine ist nun echt sauer und wirft das Schwert hin. Eigentlich will er ja von dem Mädchen nichts, denn er steht mehr auf Freund Patrokles – aber Kriegsbeute ist Kriegsbeute. Schmollend fährt Achill zur Mama nach Hause. Ohne ihren Supermann verlieren die Griechen eine Schlacht nach der anderen. Sie brauchen Achill, und damit er wieder anrückt, lockt ihn Agamemnon mit einer besonderen Trophäe: die sieben schönsten Städte des Peloponnes. Die liegen jedoch, so ein Glück aber auch, nicht in seinem Herrschaftsgebiet, sondern in dem Nestors. Alle diese „wohlbevölkerten Städte sind nah am Meere", preist Agamemnon wie ein neugriechischer Reiseleiter an, „begrenzt von der sandigen Pylos." Nestor, der listige Greis, biegt die Schenkung ab, weil er weiß, was Achill wirklich will. Er stößt Agamemnon Bescheid: „Nicht verächtliche Gaben gewährst du dem Herrscher Achilleus. Auf denn, erlesene Männer entsenden wir, eilenden Schrittes/ Hinzugehn ins Gezelt des Peleiaden Achilleus." Na also. Dank Achill siegen die Griechen, doch fragwürdig wie der Held sind auch die Mittel. Letztlich sind die Gewinner des Trojanischen Kriegs auch die Verlierer. Im „Schicksalsjahrhundert der Menschheit", wie der Geoarchäologe Eberhard Zangger dieses dreizehnte v. Chr. nennt, geht nicht nur die trojanische Hochkultur unter. Die Hethiter, die in Kleinasien lang die Supermacht gewesen waren, verschwinden von der Bildfläche der Frühgeschichte. Um die reichen Stadtstaaten an der Levante ist es geschehen und auch auf dem Peloponnes bahnt sich der Zusammenbruch an.

In Mykene gärt es. Der Krieg hat den regen Warenaustausch mit Ägypten und dem östlichen Mittelmeerraum unterbunden und kappt schließlich ganz die lukrativen Geschäftskontakte. Mit den mykenischen Heroen erleidet auch ihre Wirtschaft Schiffbruch, weil durch die Vernichtung Trojas samt seiner Vasallen alle Rohstoffe und Absatzmärkte verloren gingen. Agamemnons Sieg bringt seinem Regime eine unwiderrufliche Niederlage bei. Die Schmiede in Mykene und Pylos haben keine Arbeit mehr, Kaufleute bleiben auf untauschbaren Waren sitzen. Die Untertanen begehren auf und Burg nach Burg trudelt in eine schwere Stadtstaatskrise.

Mehrere Erdbeben beschleunigen noch den Fall des alten Systems. Die Herrscher sind gestürzt und dem Volk verschlägt es die Schrift, die bis zur Katastrophe ein frühes Griechisch in Silbenzeichen festhielt: Linear B, ab den fünfziger Jahren des vergangenen Jahrhunderts wieder lesbar. Weil mit der Elite auch ihre streng gehüteten Fähigkeiten verschwinden, durchlebt man völlig analphabetisch – der kleine Mykener war's sicher schon immer – die nächsten Jahrhunderte. Mit der Hochkultur verschwindet auch die Gartenkultur rund um Pylos. Äcker liegen brach, die Haine verwildern. Wo sich die Natur verlorenes Terrain zurückerobert, wächst wie wild Zeus' heiliger Baum. Seine Eichen werden groß und mächtig, bis man sich wieder auf die Landwirtschaft besinnt. Dunkle Jahrhunderte werden die 400 Jahre genannt, in denen man in Hellas quasi wieder von vorn mit der Kultur beginnt. In diesem Dämmer der Geschichte wandern die Dorer auf dem Peloponnes

Athene

„Zeus blauäugichte Tochter", wie Homer sie nennt, ist eigentlich die Göttin der Weisheit, was sie – wir sind ja im Land der urmenschlichen Götter – nicht daran hindert, auch unklug zu sein. Wie zum Beispiel im Trojanischen Krieg, als sie aus verletztem Stolz – Paris hatte nicht ihr den Apfel gegeben – alles tat, damit Troja unterging. Bis auf die leidige Misswahl war sie immer auf der Gewinnerstraße. Dass Athen nun Athen und nicht Poseidonen heißt, ist einem ihrer Siege zu verdanken. Jener Gott sollte Athen bekommen, so hatte Zeus verlauten lassen, der seinen Bewohnern das Wertvollste schenkt. Der Meeresgott Poseidon warf sich in Positur und seinen Dreizack in den Akropolishügel, wo umgehend eine Quelle entsprang. Wäre sie nicht so salzig gewesen, hätten die Athener sie vielleicht goutiert. So aber wendeten sie sich mit Schaudern. Athene dagegen erfand den Olivenbaum, der mit Begeisterung aufgenommen wurde. Noch heute sind die Griechen ihr dafür dankbar.

ein. Sie kommen von weit her aus dem Norden und fühlen sich zu rauen Bergen hingezogen. Der Taygetos kommt ihnen wie gerufen und so siedelt sich ein Stamm der Dorer östlich und der andere westlich des schroffen Gebirges an.

Die Westler tun sich mit den letzten Mykenern zusammen und krempeln die Ärmel hoch. Fällen die Eichen, roden die Äcker, reinigen die Haine und verwandeln Messenien wieder in eine blühende Gartenlandschaft. Aufs Neue werden Feigen kultiviert und natürlich Oliven, Athenes göttliche Früchte.

Alles könnte sich wunderbar weiter entwickeln, wenn die Messenier – die jetzt tatsächlich so heißen, haben sie sich doch nach ihrer ersten Königin benannt – bloß andere Nachbarn hätten.

Jenseits des Taygetos lauern die Spartaner.

Der Feind

Niemand ist so unverständig, dass er aus freien Stücken
den Krieg wählt statt des Friedens. Denn hier begraben die
Söhne ihre Väter, dort aber die Väter ihre Söhne.
Herodot

Sparta. Der Name sagt doch schon alles, winken wir ab. Was die Spartaner waren, ist so klar wie deren schwarze Brühe, die bei ihnen tagtäglich auf die ungehobelten Tische kam. Rohlinge waren auch sie, auf Kampf eingestellt von Geburt an. Tumbe Tötungsmaschinen, denen nichts heilig war. Sie machten dem klassischen Griechenland den Garaus und nicht einmal vor Tempeln halt. Richtige Unmenschen, beklagen die einen. Wahre Übermenschen, kommt Lob aus der falschen Ecke, wie zum Beispiel von den Nationalsozialisten. Aber da war doch noch Leonidas...

Ein Gutmensch allein macht Sparta nicht besser und so hatten sich schon die Zeitgenossen eine feste falsche Meinung gebildet. Thukydides, der in seinem „Peloponnesischen Krieg“ ziemlich objektiv vom Kampf zwischen Athen und Sparta berichtet,verzerrt die Stadt Sparta zu einem einzigen Militärlager. Nie und nimmer, unkte der antike Kriegsreporter, wird die Nachwelt eine Vorstellung von der Größe Spartas haben. Fehlte

Löwe reißt Reh. Was man in Messene als passendes Motiv für einen Grabstein nahm.

doch in dieser Stadt alles, was für einen klassischen Griechen für Größe stand: Akropolis, Tempel, Privatpaläste und Statuen. Ein Spartaner hätte die breiten Schultern gezuckt. Sie hätten weiß Ares Wichtigeres zu tun, als zu bauen und anzubauen, wäre wohl die lakonische Antwort gewesen. (Mehr und mehr entdecken aber die Archäologen, dass Sparta keinesfalls nur aus Bretterbuden bestand.) Vieles unterschied sie von dem Brudervolk. Die Spartaner waren zwar Dorer wie die Messenier, aber Welten, nicht nur die Berge des Taygetos, lagen zwischen den beiden Sippen. Wenigstens hatten sie den gleichen Himmel. Auf beiden Seiten des Gebirges verehrte man neben einer importierten Artemis die jetzt angesagten Götter, wie den einheimischen Poseidon. Auf Erden herrschte der krasse Gegensatz: Die einen kultivierten das Land, die anderen den Krieg.

Frieden in Messenien, Aufrüstung in Lakonien, wie die Spartaner ihr Land nannten. Da will es so gar nicht ins Bild passen, dass die „schlechten" Dorer die ersten Weltverbesserer waren. Die es allerdings wie alle Weltverbesserer übertrieben. Und zu gut ist dann auch wieder schlecht.

Nicht mit Bauwerken trumpfte Sparta auf, sondern mit einem pyramidalen Reformwerk: Sein erster Staatschef verbot die Angst. Nie mehr sollte sich ein Spartaner fürchten, dekretierte mutig Lykurg, weder vor den Lebenden noch den Toten. Also mussten alle weg, die Angst einjagten und so sagte man den Tyrannen den Krieg an.

Die Messenier hatten einen Traum, die Spartaner ein Trauma. Irgendwann in gräulicher Vorzeit muss es einen Herrscher gegeben haben, der sie fürchterlich unterdrückt hat. Diese Urerfahrung hat ihr Handeln codiert und deshalb wehrten sie Zeit ihrer Kultur den Anfängen. Auch wenn es überhaupt keinen Anfang gab. Weil man sich selbst in der Sippe nicht sicher fühlte, erfand Lykurg eine Regierungsform, die Diktatur unmöglich machte. Den sagenhaften Gesetzgeber haben die heutigen Historiker lange als Sagengestalt abgetan. Er war einfach zu gut, um wahr zu sein. Jetzt räumen viele ein, dass es ihn tatsächlich gegeben haben könnte und er vermutlich schon um 800 v. Chr. seine genialen Gesetze auf den Weg gebracht hat. Für einen, der näher am Geschehen war, ist Lykurg ganz real und eine Person der alten Zeitgeschichte. Plutarch, der 46 n. Chr. in Griechenland geboren wurde, lebte lange als Gesandter in Rom, und hat als Kenner beider Welten ein Werk über „große Griechen und Römer" verfasst. Darin ist Lykurg einer der größten. Plutarch berichtet, dass Lykurg nach Kreta gereist sei, als er mit seinen 100 Geboten nicht weiterkam. „Manche der dortigen Gesetze fand er gut und nahm sie an, um sie mit nach Hause zu nehmen und einzuführen; andere verwarf er." Weil die Angst vor Tyrannei tief saß, baute er wider Apolls Maßhalteappell übermäßig Sicherungen in seine Verfassung ein. Zwei Könige waren besser als einer, denn die behielten sich gegenseitig im Auge. Weil das nicht genug war, gab es fünf Ephoren, die über Könige wie Volk wachten und über Könige wie Volk zu Gericht saßen.

Um die Kontrolleure unter Kontrolle zu haben, führte Lykurg als wichtigste Neuerung die Gerusia ein, den Ältestenrat. „Denn der Staat, ungewiss schwankend und bald zu den Königen nach der Tyrannis hin, bald zur Menge nach der Massenherrschaft hin sich neigend, empfing in der Macht der Geronten einen festen Anker, kam so ins Gleichgewicht und gewann die sicherste Ruhe und Stetigkeit, indem immer die 28 Ältesten sich zu den Königen schlugen, um der Massenherrschaft entgegenzuwirken, und hinwiederum, damit keine Tyrannis entstünde, das Volk stärkten."

Lykurg ersann die Demokratie, lang bevor die Athener diese Idee hatten: „Bestimme einen Ältestenrat mit dem Fürsten, halte von Zeit zu Zeit eine Volksversammlung ab. Dann schlägst du vor und lässt abtreten. Entscheidung und Bestätigung soll dem Volke zustehen." Weiter verordnete Lykurg den Spar-

Apoll
Gott des Hoch-, nicht des Großmutes. Ewiger Spaßverderber, denn er hat die Vernunft über die Menschheit gebracht. Ausgerechnet dann, als man mit der Erfindung des Weines gerade begann, sich so richtig zu amüsieren. „Nichts im Übermaß!" predigte er, hielt sich aber selbst nicht dran. Er war maßlos im Wollen. So verliebte er sich in den spartanischen Prinzen Hyakinthos, der allerdings schon mit einem Poeten fest liiert war. Als Gott konnte er das schnell ändern. Apoll schwärzte den Nebenbuhler bei den Musen an, die dem Dichter Augenlicht und Stimme raubten. Dann trat er als großer Tröster auf und brachte Hyakinthos, um ihn von Freund und Leid abzulenken, das Dikuswerfen bei. Dabei verwarf er eine Scheibe und köpfte den jungen Spartaner. Halb so schlimm, denn Apoll machte, wie immer bei seinen Patzern, etwas Schönes daraus. Hyakinthos' Blut entsprang die gleichnamige Blume.

tanern die Gleichheit, womit er auch der Erfinder des Kommunismus ist. Er enteignete erst einmal alle und teilte dann Grund und Boden gerechter unter seinen Untertanen auf.

Beim Essen allerdings war Schluss mit der Gleichheit: „Jedes Land war so groß, dass es einen Ertrag von siebzig Scheffel Gerste (Scheffel ist ein Hohlmaß und einer entspricht etwa 60 Litern) für den Mann, zwölf für die Frau und eine entsprechende Menge an flüssigen Früchten brachte. Denn so viel, meinte Lykurg, würde an Nahrung für Wohlbefinden und Gesundheit ausreichend sein, und sonst würden sie nichts bedürfen."

Auf dass die Spartaner noch gleicher wurden, verfiel Lykurg auf etwas ganz Revolutionäres: Er schaffte das Geld ab. Das heißt die Gold- und Silberwährungen, die damals im Umlauf waren. Als Ersatz ließ er Eisenmünzen prägen, die so schwer und von solch geringem Wert waren, dass keiner auf die Idee mit dem Sparstrumpf kam. (Kopfkissen fehlten ohnehin in Sparta.) Weil dieses Großgeld außerhalb Lakoniens nicht gültig war, erübrigte sich das Scheffeln.

Mit dem Geld verschwanden die Kapital-Verbrechen aus Sparta, wie die alten Autoren rühmen. Was jetzt noch stehlen, wo doch die Spartaner ohnehin kaum Besitztum hatten? Und Korruption, so sie in Lykurgs kontrolliertem Staat überhaupt möglich war, war ihrer Mittel beraubt. Weil keiner mehr bestraft werden musste, gab es nur noch Selbstgeißelungen im Heiligtum der Artemis.

Das fehlende Geld isolierte die Spartaner weiter. Kaum ein Händler reiste noch an, ließ sich hier ja nichts mehr verkaufen. Selbst Leckereien aus dem Osten, wie das herrliche Nussgebäck von der Levante, konnte man sich nicht mehr leisten. Was nicht nur an der rostigen Währung lag, die keiner der phönizischen Honigbäcker akzeptierte. Mit seinem Hang zur Kontrolle hatte Lykurg das Essen unter Aufsicht eingeführt. Immer fünfzehn Mann bildeten eine feste Gruppe, die sich zu allen Mahlzeiten traf. Jeder trug das gleiche zum Essen bei und in die Kantine: monatlich einen Sack Gerstenmehl, zehn Liter Wein, fünf Pfund Käse, zweieinhalb Pfund

Artemis

Schwester des Apoll, doch von ganz anderem Schlag. Als 30-faltige Göttin war sie unter anderem Jägerin, mit sieben sagenhaft schnellen Jagdhunden aus Sparta an der Seite. Diese Artemis Laphria wurde auch in Messene verehrt und dort als Weidfrau mit keckem Jagdröckchen in Marmor verewigt. Sie war „Herrin der wilden Dinge" und die tat sie auch. Als der Himmel patriarchalischer wurde, ließ mann nichts unversucht, ihr den Nimbus zu nehmen. Dass man das Urweib schließlich jungfräulich machte, war noch das Wenigste. Zur Feindin aller Frauen wurde sie heruntergestilisiert. Warum blieb sie dann aber weiter die Schutzgöttin der Schwangeren und Gebärenden? In ihr lebte die Große Göttin der fraulichen Vorzeiten fort. Solch eine starke Artemis blieb die wichtigste Göttin der Spartaner und Messenier. Die Artemis Orthia, die aufrechte Artemis, stammte aus der ehemaligen Heimat der Dorer, der Schwarzmeerregion.

Oben der Taygetos als natürliche Barriere zwischen Sparta und Messenien; unten die von Menschenhand geschaffene.

Feigen. Abwechslungsreich war der Speiseplan nicht gerade, denn es gab zum Frühstück, Mittagessen und Abendbrot immer das eine: die schwarze Suppe, die wohl besser war als ihr Ruf. Der Anblick mochte Gäste schaudern lassen, nicht aber ihr Geschmack. Es war eine Art Metzelsuppe aus Blutwurst, Schweinefleisch, Gewürzen und Essig. Aber alle Tage mundet die beste schwarze Suppe nicht. Doch wehe, wenn ein Spartaner suppenkasperte. Dann wurde er gleich verdächtigt, heimlich und privat gegessen zu haben, was in Lykurgs Reich gesetzwidrig war.

Mit dem Privateigentum hatte man jegliches Privatleben abgeschafft. Auch Kinder wurden quasi öffentlich gezeugt, die – kaum auf der Welt – der rigiden Geburtenkontrolle Spartas unterworfen wurden. Die Ältesten prüften das Baby auf die Wehrtauglichkeit, und war es zu mickrig oder zu schwach, wurde es ausgemustert. Es kam zur „Ablage“, einer Schlucht im Taygetos.

Schon der kleine Spartaner war Soldat und Spiel für ihn blutiger Ernst. Mit sieben wurde er bereits eingezogen und in Kasernen aufgezogen. Plutarch berichtet: „Lesen und schreiben lernten sie nur so viel, wie sie brauchten; die ganze übrige Erziehung war darauf gerichtet, dass sie pünktlich gehorchen, Strapazen ertragen und im Kampfe siegen lernten. Daher verschärften sie bei fortschreitendem Alter das Training, schoren sie bis auf die Haut und gewöhnten sie, barfuß zu gehen und ihre Übungen in der Regel nackt zu halten. Sobald sie zwölf Jahre alt waren, gingen sie stets ohne Unterkleidung, bekamen nur einen Mantel aufs Jahr, waren am ganzen Körper schmutzbedeckt und durften weder baden noch sich salben, bis auf wenige Tage des Jahres, an denen sie solcher Annehmlichkeiten teilhaftig werden durften. Sie schliefen zusammen in Gruppen auf Streuschütten, die sie selber zusammentrugen, indem sie die Spitzen des Schilfs mit bloßen Händen ohne Messer abbrachen.“

Gleiche Tortur, gleiche Häuser, gleiche Suppe – nur die Frauen brachten Abwechslung ins uniforme Sparta. Im Hort der (un)reinen Männlichkeit konnten sie tun und lassen, was sie wollten, hatten sie ja weder zu waschen noch zu kochen. Männe wechselte nie die Kleidung und aß außer Haus, die Kinder nahm ihnen der Staat ab. So auf sich gestellt, erreichten die Frauen ein Maß an Freiheit, das im restlichen Griechenland unvorstellbar war. Das einzige Muss für sie waren die täglichen Turnstunden, auch eine Idee Lykurgs. Schwache Mütter bringen keine starken Soldaten hervor, hatte er sich gedacht und den Frauensport initiiert. So wurden auch sie im Ringen und Laufen unterrichtet, warfen Diskus und Speer. Die Amazonen waren ihr Vorbild, nicht die Übermutter. Demeter hatte in Sparta nichts zu melden.

Die Spartanerinnen entwickelten mit den Muskeln auch ein starkes Selbstbewusstsein. Athen bekrittelte immer wieder ihre Freizügigkeit, die sich nicht nur in durchsichtigen Gewändern zeigte. Nie waren sie züchtige Hausfrau, nie dem Manne untertan. Sie erwählten sich den Mann und normalerweise nicht nur einen. „Ihr Lakonierinnen allein beherrscht eure Männer!“, staunt bei Plutarch eine Ausländerin. Die Spartanerin erwidert knapp: „Wir allein gebären auch die Männer!“

Nicht nur mit Waffen wussten sich die Spartaner gut zu schlagen. Ihre Bemerkungen waren ähnlich spitz und scharf und sind bis heute legendär. Diese Art von knappem Wortwitz wird immer noch „lakonisch“ genannt. Wortkunst war in Sparta genauso geschätzt wie die Kriegskunst. In dieser Stadt wurden nicht nur Schwerter, sondern auch Reime geschmiedet.

Einer der größten Dichter der archaischen Zeit lebte hier und dieser Alkman schrieb den Kommissköpfen hinter die Ohren: „Treffliches Kitharaspiel hält dem Eisen die Waage.“ Lyrik wurde damals gesungen und dazu zupfte der Barde die Kithara, aus der die Gitarre wurde. Alkman sang also kurz und bündig, dass Dichter und Soldat für den Staat gleich wichtig sind. Worte wurden tatsächlich als Waffe eingesetzt, was dann im langen Messenischen Krieg ausschlaggebend war. Auch für die Wahl der sieben Weisen. Nicht nur auf dem Exerzierplatz müssen die Spartaner auf Zack gewesen sein, denn gleich drei von ihnen schafften es in den erlauchten Club der Denker: Aristodemos, Chilon und Myson. Letzterer qualifizierte sich mit folgender Begebenheit. „So habe man ihn in Lakonien beobachtet, wie er ganz für sich in der Einsamkeit gelacht habe. Und von einem, der ihn in solcher Lage überraschte, gefragt, warum er fernab von jeder menschlichen Gesellschaft lache, habe er geantwortet: ‚Eben deshalb‘.“

Demeter

Mutter Erde, das bedeutet die Göttin des Ackerbaus und der Fruchtbarkeit. Die Spartaner konnten mit Demeter nichts anfangen, wie Herodot berichtet. Für die Berufskrieger war sie zu bäuerlich und viel zu sanft. Diese Muttergottheit wurde aber zur Löwin, als sie mit Hades haderte. Der hatte ihre Tochter entführt. Dass er ihr Bruder war, tat weniger zur Sache. Schlimm war, dass er der Gott des Todes war. Wo Demeter doch das Leben vertrat. Sie legte alle Milde ab und streikte. Nichts wuchs mehr, nichts reifte, kein Mensch, kein Tier wurde geboren. Auf dem Olymp zeigte man sich besorgt. Zeus fungierte schließlich als Streikschlichter und handelte mit Hades und Demeter aus, dass die Tochter in der arbeitsreichen Zeit – sprich Frühling, Sommer und Herbst – der Mutter zur Hand ging und im Winter dann Sonne in die Unterwelt brachte.

Hades
Totengott, Herr über die Unterwelt, deren Eingang sich im südlichsten Zipfel Lakoniens befand. Am Kap bar jeder Hoffnung, dem Kap Tainaron. Noch heute zeigen Einheimische dort den dunklen Schlund, der geradewegs ins Totenreich führen soll. Nach dem die Griechen keine Sehnsucht hatten. Anders als später die Christen, lebten sie lieber im Diesseits. Und der Herr des Jenseits war der bestgehasste Gott des Olymp. Man sah auf ihn hinab, nicht zu ihm auf. Weil er ein richtiger Giftzwerg war. Und wie alle Giftzwerge stinkereich. Als Gebieter über die unteren Sphären gehörten ihm auch die Bodenschätze. Deshalb wurde er meist Pluto, der Reiche, genannt.

Mal allein zu sein, war die größte Freude eines Spartaners. Sparta ist voller Widersprüche. Im Staat der starken Kämpen war die oberste militärische Instanz eine Frau. Eine, die noch dazu weit weg in Delphi saß und immer in Rätseln sprach. Die Pythia, die immer dann angerufen wurde, wenn die Generäle nicht weiterwussten.

In Delphi rief man die Geister an, in Sparta lebte man mit ihnen. Hades, dem sonst überall gefürchteten Totengott, öffnete man hier die Tore. Die Angst war ja abgeschafft und so bot man auch den Dämonen die Stirn. Begrub von nun an die Verstorbenen mitten in der Stadt und nicht mehr außerhalb der Mauern. Wie alles in Sparta war auch die Bestattung ganz einfach. Der Tote wurde in ein rotes Tuch mit „Ölblättern" gewickelt – vielleicht die des Mastixbaums, in dessen Blättern heute noch in Lakonien die Verstorbenen aufgebahrt werden. Auch die Trauerzeit war echt spartanisch: Nur elf Tage Weinen war den Hinterbliebenen gestattet.

Die Hinterlassenschaft Spartas ist keine augenfällige. Und doch ist es eine, auf die wir ständig zurückgreifen. Zwei Begriffe, die wir häufig benutzen: Spartanisch und lakonisch. Lakonien hieß ursprünglich Lakedämonien und so war man zu allen Zeiten versucht, genau das zu tun: Lakonien zu dämonisieren.

Der 300-jährige Krieg

Coquelicot sur un rocher.
Adamo

Was die da drüben betrieben, konnten die Messenier schon lang. Auch sie rannten bis zum Umfallen, schleuderten Speere und übten sich im Nahkampf. Nahmen es mit jedem Gegner auf, den sie aber Sportsfreund nannten.

Das Gipfelplateau des Ithome mit dem Taygetos im Hintergrund.

Ab 776 v. Chr. wurden die Olympischen Spiele aufgezeichnet, was das Jahr Null der antiken Zeitrechnung bedeutet. Von nun an werden alle Ereignisse am besten Stadionläufer gemessen, und dass anfangs hauptsächlich Messenier siegten, konnte den Spartanern nicht gefallen. Da trainierten sie wie die Besessenen und die Bauern liefen ihnen davon! 764 v. Chr. gewann der messenische Läufer Polychares den Stadionlauf, 752 v. Chr. hatte sein Landsmann Daikles die Nase vorn, 748 v. Chr. war es Antikles, 744 v. Chr. Xenodokos, 740 v. Chr. Dotadas und 736 v. Chr. Leochares. Die Spartaner hatten genug vom Nachsehen. Sie riefen Ares an, dies gefälligst zu richten. Der Kriegsgott ließ sich nicht zweimal bitten und zauberte einen passenden Kriegsgrund herbei. Welch göttlicher Einfall! Wegen eines messenischen Olympiasiegers soll der erste der Bruderkriege begonnen haben. Behauptet Pausanias, der im 2. Jahrhundert n. Chr. in Griechenland alten Städten und Geschichten auf der Spur war.

Besagtem Olympiasieger, der im Hauptberuf Bauer war, hatte ein Spartaner die Rinder gestohlen. Der Messenier klagte ihn an, und weil Sparta nichts gegen den Viehdieb unternahm, übte er selbst Justiz: Er tötete den Räuber. Jetzt war Sparta schnell dabei, Anklage zu erheben, aber die Messenier lieferten ihren Volksheld nicht aus. Die Spartaner wollten nicht den einen Messenier, sie wollten alle. Wollten, dass

Ares

Gott des Krieges und zwar des heimtückischen und blutigen. Für den guten, den aufrechten Krieg – ja, den gab es auch bei den Griechen, wenn man zum Beispiel die Freiheit zu verteidigen hatte – war Athene zuständig. Ares war wie der Todesgott Hades ein zutiefst verachteter Gott. Die alten Griechen kannten keine Gottesfurcht, sondern nur den Gotteshass. Hades kungelt natürlich mit Ares, da der ihm ordentlich Nachschub für die Unterwelt liefert. Aphrodite ist dem brutalen Säufer verfallen, was keiner verstehen kann, aber selbst eine Liebesgöttin war wohl gegen die Liebe machtlos. Dem bösen Kriegsgott wurden, da waren die anderen Götter vor, keine Tempel errichtet.

Aphrodite
Göttin der Liebe. Becircte Sterbliche wie Unsterbliche. Was nur an ihrem magischen Hüftgürtel lag, wie Hera und Athene immer biestig betonten. Sie vergaßen nie, dass Aphrodite die Wahl zur Miss Olymp gewonnen hatte. Auf Betreiben seiner Gattin hat Zeus sie mit Hephaistos verheiratet, dem hässlichsten Gott des griechischen Universums. Aber mit den Augen der Liebe besehen wurde er wohl recht ansehnlich. Weil eine Göttin der Liebe nie und nimmer nur einen lieben kann, ist die Liste ihrer Techtelmechtel lang. Der Verbindung mit Dionysos, dem Gott der Wollust, entsprang Priapos, heute ein Phall für griechische Ansichtskarten.

diese arbeitsamen Bauern für das tägliche Brot der Krieger sorgten. Sie mussten doch immerzu kämpfen und brauchten deswegen die Heloten. Leibeigene, die für sie Gerste anbauten, den Wein kelterten, den Käse machten, die Feigen ernteten, Öl aus Oliven pressten. Und als lebendige Zielscheiben dienten, wenn junge Spartaner das Töten üben wollten.

Heloten mussten her, und zwar schnell. Weil gerade die Spiele in Olympia ausgetragen wurden, war die Gelegenheit günstig. Hatte doch wieder ein Messenier im Stadionlauf gesiegt, was seine Landsleute ordentlich feierten. Als das Fest am schönsten war, schlugen die Spartaner zu.

Sie fielen nach Messenien ein und töteten in einer grenznahen Stadt alle Einwohner. Sogar die, die im Heiligtum der Aphrodite Schutz gesucht hatten. Ein ungeheuerliches Verbrechen, denn die Götterhäuser galten in Griechenland als Sicherheitszone. Wer es in einer Schlacht in einen Tempel schaffte, dem wurde kein Haar gekrümmt. Bis die Spartaner andere Sitten einführten: Die sonst so Gesetzestreuen brachen das göttliche Gesetz.

Den Olivenbäumen krümmten die Angreifer keinen Ast. Ihr Hunger muss groß gewesen sein, denn sie trieben noch in nämlicher Nacht alle Schafe, Ziegen und Rinder über den Taygetos, beladen mit Säcken voll geraubtem Korn. Die Bauern im Land, die von dem Gemetzel hörten, würden jetzt kuschen, rechneten sich die Spartaner aus. Würden buckeln und alles tun, was die Besatzer von ihnen verlangten. Das hatten sich die Spartaner so gedacht.

Aber in jedem Messenier steckte auch ein Dorer, und der nahm den Überfall nicht göttergeben hin. Waffen und Kriegspläne waren schnell geschmiedet und die Bauern nahmen es mit den Berufskriegern auf. Sie schlugen sich prächtig und das erste Gefecht endete unentschieden. Dann verfielen sie auf die Taktik, die ihre Stärke werden sollte: Die Messenier verschanzten sich und die Spartaner zogen erst einmal ab.

Im nächsten Jahr waren sie wieder da, weil Sparta nur noch mit Ach, Krach und verdünnter schwarzer Suppe über den Winter gekommen war und dringend etwas zu beißen brauchte. In der Ebene prallten die Hungrigen auf die Wohlgenährten und lieferten sich zum Kampfauftakt

Wortgefechte. Die Spartaner drohten, dass die Messenier bald nicht mehr Herren, sondern Knechte sein würden. Ihre, versteht sich.

Die Messenier schossen zurück und sich ein. „Verbrecher“, schrien sie die Spartaner an. „Brudermörder, die nur aus Habgier in den Krieg ziehen!“ „Tempelschänder!“ „Frevler gegen die Götter, die doch die Stammesgötter aller Dorer sind!“ Die Spartaner hatten genug gehört und griffen brachial an. Sie hatten die besseren Soldaten, das größere Heer, aber die Messenier wehrten sich mit der Kraft der Satten und dem Mut der Gerechten. Rannten wieder und wieder gegen die Übermacht und schafften kleine Siege. Das war zu viel für die Spartaner und sie holten sich Söldner zur Verstärkung.

Dem Heer, das nun anrückte und die Ebene mit wüsten Schreien erfüllte, waren die Messenier nicht gewachsen. So flohen sie auf den Ithome, unter die Fittiche des Zeus. Auf dem Plateau des Tafelberges sammelten sich die Flüchtlinge und errichteten auf dem Fels ihre Lager. Aus Krüppelholz und Salbeiruten flochten sie sich Unterstände. Im Schutze der Nacht zogen sie still und leis hinab zu der Quelle an der Westseite, um Wasser zu holen. Außerdem wurden die Vorräte an Getreide und Linsen nach und nach auf den Berg verlagert.

Auch wenn sie in den ersten Jahren nicht hungern mussten, war die Situation ziemlich ungemütlich. Sie waren zwar geschützt gegen die Spartaner, nicht aber gegen die Witterung. Was in der Ebene ein Lüftchen ist, wird

Für die dunkle Unterwelt: Öllampen als Grabbeigaben.

dort oben zum Sturm. Und der Regen peitschte sie, der in dieser Höhe im Winter oft zu Schnee wurde. Wenn dann der Ithome vereiste, wurde der Gott des Feuers angerufen – Hephaistos, steh uns bei! – auf dass er ihnen die schwache Herdflamme erhielt. Zwanzig lange Jahre harrten die Belagerten auf dem Ithome aus. Liefen hin und liefen her, traten den Boden so platt, dass hier nichts mehr wuchs. Allein der nicht kleinzukriegende Mohn zeigte nun die Jahreszeit an, die früher die wonnigliche gewesen war. Jetzt stand sein Blutrot für die Niederlage: Die Messenier gaben auf. Wer nicht das Land verließ, den erwartete ein hartes Schicksal.

„Wie Esel unter der schweren Last sich schindend/ bringen sie ihren Herren in hartem Zwang/ die Hälfte all dessen, was die Flur erzeugt." Dichtete, aber nicht erdichtete Tyrtaios, der im Zweiten Messenischen Krieg eine entscheidende Rolle spielen sollte. Lieber eine freie ungewisse Zukunft als eine gewiss unfreie, sagten sich viele Messenier und wählten die Flucht. Und da traf es sich gut, dass die Griechen in dieser Zeit zum Kolonialisieren ausfuhren. Mutig wagten sie sich mit Kähnen aufs Meer und vertrauten sich Hermes an, dem Gott der (See)Wege, Straßen und des Verkehrs.

Ihr Übersee lag in Italien und Kleinasien; ganz Verwegene überquerten das Mittelmeer und siedelten sich an der Nordküste Afrikas an. Auf jedem der Auswandererschiffe waren Messenier, die in den neuen Kolonien ein neues Leben begannen. Sie hielten weiter zusammen und die Erinnerung an ihr verlorenes Land hoch. Bewahrten ihre Sprache, die ziemlich altmodisch anmutete, als sie sie schließlich zurückbrachten.

In Griechenland hatte sich das Griechisch inzwischen weiterentwickelt. Die wenigen Messenier, die nicht geflohen waren, plackten sich für die Spartaner. Aber neben dem Futter für den Feind wuchs im besetzten Land ein starker Freiheitswille heran. Die Messenier konnten keine Knechte sein und impften

Hephaistos

Hässlicher Gott des Feuers mit klumpigen Füßen, aber begnadeten Händen. Als Gott der Schmiedekunst gelingen ihm wahre Kunstwerke wie zum Beispiel der Schild des Achill. Oft glüht er vor Wut und wird dann zum Vulkan, was Ehefrau Aphrodite zu spüren bekommt. Statt sich an ihr zu freuen, stellt er sie bloß, wo er nur kann. So fängt er sie mit einem selbst geschmiedeten Netz, als sie sich gerade mal wieder Ares hingibt. Hephaistos ruft hämisch alle Götter ans Lotterbett, auf dass auch sie Aphrodites frische Tat sehen. Der Anblick freut die Götter. Hermes und Poseidon verlieben sich auf der Stelle in sie.

Hermes

Gott der Schlitzohrigkeit und somit ureigenster Gott der Griechen. Noch in den Windeln, erwies er sich schlauer als der Gott der Vernunft und stibitzte Apollons Kuhherde. Seither beten ihn Diebe und Betrüger an. Meister der Ausrede, wurde er von Papa Zeus zum Götterboten ernannt, was, weil er seine eigenen Geschichten transportierte, zu vielen Verwicklungen führte. Da er den schnellsten Weg zum Ziel findet, fungiert er als Schutzgott des Verkehrs. Wendig, wie er ist, wurde er auch als Gott der Gymnastik von den Sportlern verehrt. Und weil er der Beste im Austeilen war, erhoben ihn dazu noch die Boxer zu ihrem Schutzpatron.

dieses Denken ihren Kindern ein. Und so wuchs eine Schar rebellischer Jungen heran, unter denen einer besonders auffiel: Aristomenes, dem die griechischen Geschichtenschreiber gern, wenn schon keinen göttlichen, so doch einen königlichen Vater angedichtet hätten. Die Messenier lehnten dies ab. Er war einer von ihnen, der es aus eigener Kraft zum Gott gebracht hatte.

Ross mit Reiter auf Votivtäfelchen aus archaischer Zeit.

Aus Aristomenes' Bande wurde eine Spezialeinheit, und achtzig durchtrainierte Kämpfer lehrten den Feind bald das Fürchten. Weil Sparta sich auf dem Peloponnes keine Freunde gemacht hatte, gewannen die Messenier für ihren Freiheitskrieg eine Reihe von Bundesgenossen. Mit Kämpfern aus Arkadien, der Argolis und der Elis – dem Land, in dem Olympia liegt – schlug man kurz vor den 24. Spielen los, wie Pausanias behauptet. In postolympischer Zeitrechnung 684 v. Chr.

Eigentlich hatten sie sich das Gefühl verboten, aber Aristomenes machte den Spartanern Angst. So schlich er sich des Nachts ins waffenstarrende Sparta ein und opferte da der Artemis Orthia einen Schild. Mit dem Versprechen, ihr mehr zu bringen, sobald er die Spartaner besiegt hatte. Sie, die niemals froren, bekamen jetzt Gänsehaut. Die Spartaner gruselte

Archaische Zeit

Beginnt Mitte des 7. Jahrhunderts v. Chr. Erste Großplastiken werden in Griechenland geschaffen, die das damalige Schönheitsideal zeigen. Da war bei den Männern der Hintern noch breiter als die Schultern und die Haare reichten bis zum Po. Kuros wird so ein fraulicher Jüngling genannt, der eine Weichheit abbildete, die das Zeitalter nicht hatte: Tyrannen beherrschen die politische Bühne. Drakon erlässt in Athen die gleichnamigen Gesetze, doch die Gedanken sind ganz schön frei. Alkman dichtet in Sparta und Sappho auf Lesbos. Thales von Milet sagt die Sonnenfinsternis vom 28. 5. 585 v. Chr. voraus, was zeigt, wie weit die Mathematik bereits ist. 534 v. Chr. wird die erste Tragödie in Athen aufgeführt, ein halbes Jahrhundert später die erste Komödie. Die ersten Tempel werden gebaut, natürlich mit dem Prototyp der griechischen Säule, der dorischen. Die Perser dringen nach Griechenland vor, doch die Athener stoppen sie 480 v. Chr. in der Seeschlacht von Salamis. Jetzt werden die Statuen deutlich männlicher und die klassische Zeit beginnt.

es. Der Kerl musste übernatürliche Kräfte besitzen. Was tun? Wie immer in Notsituationen konnte sie nur ein Orakel retten und per Eilschritt ging's hinauf nach Delphi. Der Pythia entfuhr wie immer ein wirrer Spruch. „Nehmt den Athener als Ratgeber", raunte sie.

Was? Einen Athener? Was sollte das nun wieder bedeuten? Den Spartanern war das liberale Athen zuwider, aber Befehl ist nun mal Befehl. Also schickten sie umgehend eine Abordnung nach Athen, um den Athener zu bekommen. Den Athenern passte das Ansinnen nicht.

Mit Misstrauen verfolgten sie seit geraumer Weile die Expansion Spartas und wollten den Aggressoren nicht unbedingt weiterhelfen. Aber was die Pythia sagte, hatte nun mal Gewicht in Griechenland. Also überließ man den Spartanern jenen Athener, den man am leichtesten entbehren konnte: Tyrtaios, einen Krüppel, der in der Stadt durch wirre Reden aufgefallen war.

In Sparta nun entwirrten sich wunderbar die Reden und Tyrtaios wurde ein großer Dichter und noch größerer General. Er befahl nicht, er sang. Deklamierend marschierte er vor der Truppe her, und mit dem Lied als Geheimwaffe schöpften die Soldaten neuen Kampfesmut. Weil die Spartaner mit allen Mitteln gegen Aristomenes kämpften, kauften sie dann seine Bundesgenossen. (Sicher nicht mit ihrer Eisenwährung. Notgroschen war ein verstecktes Golddepot).

Mitten in der Schlacht zogen sich die bestochenen Mitkämpfer zurück, die Messenier standen ziemlich allein da und mussten sich abermals verschanzen. Diesmal in der Burg von Hira, im Gebirgszug nördlich des Ithome. Elf Jahre sollten sie diesmal der spartanischen Belagerung trotzen. Und wieder musste in den zugigen Höhen der Gott des Feuers angerufen werden. Und Hestia, Hüterin des Herdes. Im Riesentopf auf dem Dreifuß köchelte immer ein nahrhaftes Essen. Aristomenes sorgte schon dafür, dass die Belagerten nicht auch noch darben mussten. Um die Lieferanten kümmerte er sich weniger. So wurde der, der das Fleisch ankarrte, zum Verräter.

Es regnete. So, wie es winters nur in Griechenland regnen kann. Es schüttete wie aus Amphoren, goss ohne Ende. Bei so einem Scheißwetter, dachten sich die Messenier, würden die Spartaner nie einen Angriff starten. Hätten sie auch nicht, wenn nicht der Fleischlieferant ihnen zugetragen hätte, dass die Messenier genau das dachten und ihre Posten

Hestia

Gute Göttin des Heimes und Beschützerin des Herdfeuers. Sie war die einzig Friedliche auf dem Olymp, an keinem Streit, an keiner der himmlischen Intrigen beteiligt. Sie wurde auch von den Göttern verehrt und in Ruhe gelassen. Nur Priapos, der mit dem mächtigen Gemächte, versuchte sie zu vergewaltigen, was ihm – einem Esel sei Dank – nicht gelang. Bescheiden, wie Hestia war, überließ sie ihren Sitz am Hochtisch der Olympier Dionysos.

verlassen hatten. Kein Mann war auf der Mauer und so konnten die Spartaner sie leicht mit Leitern überwinden. In der Burg schliefen alle, aber nicht mehr lang. Aristomenes kämpfte wie besessen und schaffte es, Frauen und Kinder unverletzt in Sicherheit zu bringen. Zu einem Hafen, von dem aus die nächste Flüchtlingswelle in die Kolonien schwappte. Jetzt, wo alle Messenier weg waren, konnte endlich bei den 28. Olympischen Spielen ein Spartaner den Stadionlauf gewinnen. Er soll nicht bejubelt worden sein.

Die Spartaner hatten nun Messenien, aber keine Freude daran. Die noch verbliebenen Bauern weigerten sich, die Äcker und Felder für den Feind zu bestellen. Die Olivenhaine verwilderten, Stechwinden strangulierten die Feigen und Eichen machten sich wieder breit. Immer wieder kam es in dem besetzten Land zu Aufständen, dann noch ein Aufbäumen 456 v. Chr., danach verlassen die letzten Messenier ihr Land. Die Spartaner sind außer sich. So erfüllt mit Hass, dass sie die Flüchtlinge weiter verfolgen und auch aus ihrem Exil vertreiben. Genau wie jene, die Zuflucht in Naupaktos gefunden hatten, an der Nordküste des Korinthischen Golfes.

Dionysos

Gott der Freude, des Weines und der Wollust, den Apoll am liebsten ausgelöscht hätte. Dionysos widerspricht mit seiner überbordenden Lebensfreude der Alles-mit-Maß-Doktrin des Apoll. Sein Gebot: Freut euch des Lebens auf Teufel komm raus. Das konnte Apoll nicht gefallen und deshalb wurde der Gott gewordene Lachsack gemobbt. Leben hat nun mal Leiden zu sein und nicht die schiere Freude, wie Dionysos verkündet. Aber der lacht zuletzt. Fiel ihm doch Ariadne in den Schoß, die Schöne mit dem Faden. Eigentlich war sie Theseus angetraut, dem sie geholfen hatte, den Minotauros zu bezwingen. Weil er es eilig hatte, die Heldentat seinen Kumpeln in Athen zu erzählen, vergaß er seine Frau auf der Rückfahrt in Naxos. Dionysos fand die Verlassene, tröstete sie und heiratete sie dann. Ariadne hat es nie bereut. Noch heute wackle diese Insel vom ewigen Fest der beiden, behaupten die Einheimischen.

Aristomenes ist ihnen entkommen. Keiner hat ihn mehr gesehen – außer im Traum. Als Verheißer war der größte Feldherr der Messenier unschlagbar. Er erschien seinen Landsleuten überall und immerfort. Gut, dass er so präsent war, hatte er doch allein ihre Zukunft in der Hand, wie man erzählte: „Es gab nämlich einen geheimen Gegenstand bei den Messeniern; verschwand er, so hielt er Messenien für alle Ewigkeit unter der Oberfläche verborgen, blieb er erhalten, würden die Messenier mit der Zeit einmal ihr Land wieder erhalten.

Diesen holte Aristomenes als es Nacht wurde, ging dahin, wo die einsamste Stelle des Ithome war, vergrub es am Berg Ithome und bat Zeus, den Herrn von Ithome, und die anderen Götter, die bis dahin die Messenier geschützt hatten, sie möchten Hüter des anvertrauten Pfandes sein.“

Weil Aristomenes das Versteck kannte, war man überzeugt, Messenien würde wieder auferstehen. Auf die guten alten Zeiten und die besseren neuen stieß man an, wann immer sich Messenier zusammenfanden. Bald würden sie heimkehren.

So hofften sie jahrhundertelang. Beschworen Aristomenes, schworen auf Dionysos, dass es bald wieder Freude geben würde und ein gemeinsames Land. Für alle Messenier, die rund ums Mittelmeer verstreut waren. Doch nicht Aristomenes machte es möglich. Ein fremder Feldherr holte sie schließlich heim.

Der Befreiungsschlag

Als du zitternd dereinst und ohne Waffen vom Kriege
heimgekommen und dich so deine Mutter empfing,
griff sie gleich zum männermordenden Speere, stieß ihn jäh
in des Leibs wogende Weiche und rief:
„Stirb! Kein Tadel soll Sparta berühren! Denn Sparta hat keine Schuld,
wenn einst meine Milch solch eine Memme gesäugt."
Erykios von Kyzikos

Hermes, der göttliche Funker. Statue aus Messene.

Die Pferde stampfen. Wütend tritt das spartanische Fußvolk auf. Die Herbstsonne lässt den aufgewirbelten Staub noch röter erscheinen. Schwer hat man die Hopliten in Gang gebracht, was nicht nur am Gewicht von Rüstung und Waffen lag. Eigentlich sollten sie längst auf dem Weg nach Süden sein. Nach Hause ins Winterlager, denn im Griechenland jener Zeit ist ab Spätsommer die Kriegssaison zu Ende. In Regen und Schlamm ist noch jede Armee baden gegangen. Nach Monaten voller Kämpfe sind die Spartaner müde, sehnen sich nach Wasser und Seife, nach einem Bett, so hart es auch sein mag; nach besserem Essen als dem aus der Feldküche. Die Felder hier rund um Leuktra sind abgeerntet, die Oliven an den Bäumen noch ohne Öl. Sie hatten schon ihre Zelte abgebrochen, hier in der Nähe von Theben. Und jetzt dieser Befehl: Auf in die Schlacht! Der General, der auch ihr König ist, treibt sie an. Ein letztes Gefecht vor dem Heimmarsch, um noch mal deutlich zu zeigen, wer Herr im Lande ist. Die Thebaner haben sich zu viel rausgenommen und nun die Lektion verdient. Eine Abreibung, die sie nie vergessen werden.

371 v. Chr. sind die Spartaner auf der Höhe ihrer Macht. Haben selbst das große Athen kleingekriegt, mit dem sie einst Seite an Seite gegen den übermächtigen Feind Persien gekämpft haben. Damals, vor hundert Jah-

Geborgen zwischen Bergen und doch das Meer vor dem Stadttor: Messenes ideale Lage.

ren, liebten die Griechen sogar Sparta, weil Leonidas den persischen Vormarsch so lange aufgehalten hatte, bis sich die Heimatfront formierte. Mit einem Häuflein Tapferer riegelte er die Thermopylen ab, fiel schließlich im aussichtslosesten aller Kämpfe. „Wanderer, kommst du nach Sparta, erzähl

Klassische Zeit

Fängt 478 v. Chr. mit einem völlig ungriechischen Verhalten an: Die Griechen verbünden sich zum Attisch-Delischen Seebund. Das aber nur, weil die Perser wieder kommen. Perikles ist die herausragende Figur dieser Ära, weil er es schafft, die Griechen, Erfinder der Eigenbrötelei, zusammenzuhalten. Nur die Spartaner sind nicht dabei, weil sie nun zu den Feinden zählen. Auf dass in der Klassik auch Klassik entsteht, klaut Perikles die Kriegskasse und baut mit diesem Geld die Akropolis. Diese „Hohe Stadt" wird Hochburg der Künstler. Sokrates denkt vor, Sophokles fallen da immer trübere Dramen ein; Phidias, der berühmteste Bildhauer der Antike, schuf hier seine Statuen. Platon denkt sich einen besseren Staat aus. 359 v. Chr. bricht ein neues Zeitalter an, mit einem Staat, nicht ganz wie der von Platon gedachte, obwohl Aristoteles an seiner Gestaltung mitwirkt. Es ist Makedonien im Norden Griechenlands und Philipp II. besteigt da den Thron. Er ist der Vater Alexanders des Großen und nun wird Griechenland zwangsvereinigt.

Pan

Begründer der Panik und Urgott des Peloponnes, an dem die Olympier kein gutes Ziegenhaar ließen. Zeus & Co. stank der kleine Gott mit den Ziegenhufen, weil er ihnen so viel voraus hatte. Apoll schwatzte ihm die Kunst der Weissagung ab, und Hermes kopierte Pans Flöte, die er als seine Erfindung an Apoll verkaufte. Als die Götter dann nach und nach abtreten mussten, hielt er die Stellung. Der Bock von einem Gott wird in Arkadien immer noch verehrt.

ihnen, du habest uns liegen gesehen, wie das Gesetz es befahl."

Zu Wasser wurden die Perser dann geschlagen. Die Athener lockten die feindliche Kriegsflotte in die Meerenge von Salamis und schlugen mit ihren Trieren zu. Diese wendigen Schiffe, mit jeweils drei Ruderbänken übereinander auf jeder Seite, stießen blitzschnell mit einem Rammsporn zu. Ein halbes Jahrhundert danach gerieten die Waffenbrüder Athen und Sparta aneinander. Sparta wollte einfach die größte Macht in Griechenland sein und diesem Streben war bis dato stets Athen vor. Ein Kriegsgrund lässt sich immer konstruieren und so rückten 431 v. Chr. die Spartaner gen Athen vor. Geschlagen wurden die Athener letztlich von einem weit tückischeren Feind: Die langen Mauern der Stadt konnten die Pest nicht abwehren, die Tausende von Athenern tötete. Dass dieser Krieg von beiden Seiten mit großer Grausamkeit geführt wurde, berichtet Thukydides. 420 v. Chr. bekamen die Spartaner den damals größtmöglichen Verweis: Die Provinz Elis schloss sie von den Olympischen Spielen aus. Das war noch nie dagewesen, denn in Olympia vergaß man normalerweise alle Feindseligkeiten. Jedenfalls für kurze Zeit. Der Krieg weitet sich auf die Kolonien in Sizilien aus, wo die Spartaner die Athener besiegen. Was dann die Messenier im sizilianischen Messene in Panik – auch so ein Erbe von daheim – versetzt.

Sparta hat die Stirn, sich vom Erzfeind Griechenlands Gold zu erbitten, um weiter aufzurüsten: Persien finanziert nun den Krieg gegen Athen. So unterstützt, erringen die Spartaner 405 v. Chr. den entscheidenden Sieg und schleppen darauf ein mächtiges Dankgeschenk nach – nein, nicht nach Persien, sondern nach Delphi, weil die Worte der Pythia schwerer wogen als alles Gold.

Sparta herrscht nun über Griechenland. Um seine Vorstellung von Frieden zu diktieren, sind im Sommer 371 v. Chr. alle Unterlegenen nach Lakonien geladen. Die Spartaner verlangen von den unterwor-

Spezialkämpfer, speziell gerüstet: spartanischer Krieger mit Helm, Visier und Brustpanzer.

Dionysos bändelt mit Ariadne an. Mosaikfussboden einer messenischen Villa.

fenen Ländern einen Treueid und bieten im Gegenzug an, die verhassten Besatzer, Statthalter und Truppen abzuziehen. Die Staatschefs willigen ein.

Auch Epaminondas, der Herrscher von Theben. Der junge Mann ist der Gegenentwurf eines Spartaners: sanftmütig, feinsinnig, philosophisch geschult. Am nächsten Tag spricht er noch einmal bei dem spartanischen König mit der Bitte vor, den Vertragstext leicht abzuändern.

Nicht Theben würde den Eid leisten, sondern das Land Böotien. Er will die benachbarten Fürstentümer einbeziehen, damit auch sie Ruhe vor Sparta haben. Weil man Macht immer demonstrieren muss, erwidert der spartanische König harsch, er würde nichts mehr ändern. Wenn die Thebaner nicht im Vertrag stehen wollen, würde er sie jetzt streichen. Das hätte Folgen. Fürchterliche.

Die Thebaner reisen geknickt ab, doch will man sie ganz am Boden sehen. Der König in Sparta schickt eine Eilbotschaft an seinen Mitregenten, der mit dem spartanischen Heer noch in Mittelgriechenland weilt: „Zeig den Thebanern, was es heißt, nicht in unserem Vertrag zu stehen. Mach sie fertig!" Also befiehlt der kommandierende König seinen Soldaten noch eine kleine Schlacht zum Aufwärmen. Die Sache müsste im Nu entschieden und der vorlaute Epaminondas, wenn nicht getötet, so doch mundtot sein. Die spartanische Armee hat 10 000 Mann an Fußvolk. Gerade mal die Hälfte können die Thebaner aufbieten. Die Kavallerie Thebens ist zwar stärker als die tausend Berittenen Spartas, aber die Zossen haben noch nie einen Krieg entschieden, denkt sich der spartanische Feldherr.

Auf den längst abgeernteten Feldern rücken die Spartaner vor. Die Kampflinie in voller Breite, Mann an Mann, die Oberkörper im schweren

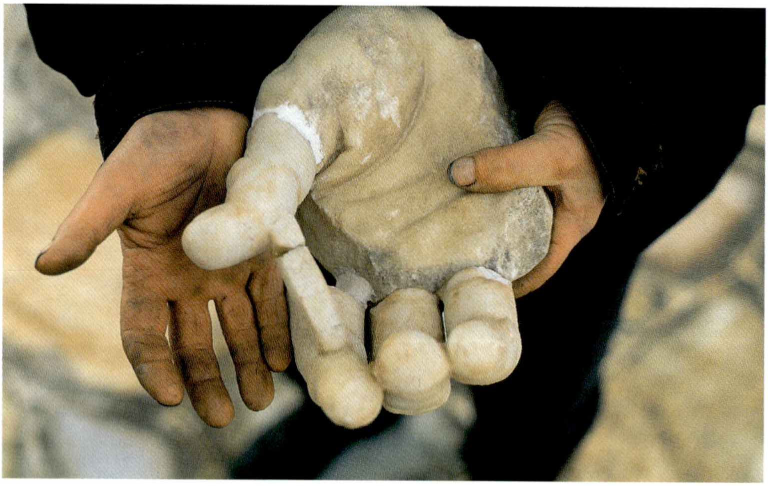

Hand eines Halbgotts: Teil der Statue des Herakles aus Messenes Gymnasion.

Brustpanzer zwangsläufig nach vorn gedrückt. Das mutige Muster auf dem Eisenwams weist sie eindeutig als Spartaner aus: Um die Brustwarzen konzentrische Kreise, die wie Schießscheiben anmuten.

Auch die Helme gehören zur psychologischen Kriegsführung. Fratzen zum Fürchten, denn Augen- und Mundöffnungen sind bedrohlich verzerrt. Dazu als natürlicher Nackenschutz der Wust verfilzter Zöpfe, die bis zur Taille reichen. Nach Jahren ohne Waschen haut allein ihr Odeur den stärksten Gegner um. Auf dem rechten Flügel des spartanischen Heers sammelt der befehlshabende König seine Elitetruppe um sich: 700 streitbare Spartiaten, eine Armee für sich. Flankiert von den Hopliten, die jetzt das Marschtempo vorgeben.

In langsamem Gleichschritt rücken die Schwerbewaffneten vor. Die Kämpfer in den ersten Reihen wiegen schon die Speere in der Hand, wägen den Gegner ab, der ihnen auf der anderen Seite entgegentritt.

Was für ein armseliges Häufchen, denken sich die Spartaner. Schaffen es doch die Thebaner nicht einmal, die übliche Front hinzukriegen. Ihre Schlachtreihe weist nur die halbe Breite auf, besteht nur aus dem linken Flügel.

„Das wird ein Spaziergang“, lacht der königliche General Beifall heischend in die Runde. „Na, dann wollen wir mal.“ Die Spartaner marschieren siegesgewiss in voller Breitseite auf die halbe der Thebaner zu – und dann passiert es. Die halbe Front der Thebaner explodiert förmlich, rast auf die Spartaner los. Diese halbe, die „schiefe“ Schlachtordnung ist natürlich eine Taktik des Epaminondas, der mit einer ausgeklügelten Strategie die Unterlegenheit seiner Truppe zu kompensieren versucht.

Seine starken Kämpfer hat er auf dem linken Flügel massiert, um die Elite der Spartaner mit Macht zu treffen. Ziel ist, die Spartiaten aufzumischen, um Spartas Heer aus dem Tritt zu bringen. So stößt denn der linke Flügel vor „wie eine Triere, die ihre Gegnerin rammt.“ Kriegsberichtet Xenophon, als Athener zwar parteilich, aber diesmal objektiv.

Der schräge Vorstoß führt zum Untergang. Dem unerwarteten Angriff fällt mit einem Schlag die Kerntruppe der Spartaner zum Opfer. Von den 700 Spartiaten werden 400 sofort getötet, auch der König ist unter den Gefallenen. Viele werden noch sterben, denn das Schlachtfeld ist voller Verwundeter, denen nur noch Asklepios helfen könnte. Da verlässt die Hopliten der Mut, sie werfen Panzer und Waffen ab, und rennen um ihr Leben, von der thebanischen Reiterei verfolgt.

Asklepios
Gott der Heilkunde und Sohn des Apoll. Der wollte das Kind, doch nicht die Mutter. Deshalb tötete Apoll seine schwangere Geliebte und machte den ersten Kaiserschnitt der Medizingeschichte. Dies Geburtserlebnis prägte Asklepios. Er avancierte zum großen Heiler, der auch Tote wieder zum Leben erwecken konnte. Weil er zu sehr in Zeus’ Handwerk pfuschte, wurde er von diesem getötet. Aber auch wieder zum Leben erweckt, als Zeus die Arbeit zuviel wurde. In Asklepios’ Heilstätten, sprich Heiligtümern, stellten sich die Kranken selbst die Diagnose. Zum heilenden Schlaf wurden sie in den Tempel geschickt und kamen im Traum drauf, welches Leiden sie hatten. Asklepios’ Jünger, die Ärzte, taten dann, was sie noch immer tun: die Medikamente verschreiben.

Eine derart vernichtende Niederlage haben die Spartaner noch nie erlitten. Von einer Anhöhe aus beobachtet ein Jüngling das Kampfgeschehen, der als Geisel in Theben weilt. Philipp, dem fünfzehn Jahre später ein Sohn geboren wird, der solche Überraschungsangriffe zu seinem Markenzeichen macht: Alexander der Große.

Epaminondas kann es nicht fassen, die ganze alte Welt kann es nicht fassen: Sparta, das 400 Jahre Angst und Schrecken auf dem Peloponnes, und nicht nur da, verbreitet hat, ist vernichtend geschlagen.

Die Funker raffen eilig Reisig für die Sensationsmeldung zusammen. Ganze Wintervorräte an Holz werden verbrannt, um die frohe Botschaft zu verbreiten. Die Signalfeuer lodern hoch und höher, je weiter sie auf den Peloponnes kommen. Ganz Griechenland leuchtet. Leuchtet bis nach Italien. Vom Festland springt die Siegesmeldung über die Meerenge nach Messene über und wird da zum Freudenfeuer: Der Peloponnes ist frei!

Was auf keiner letzten Reise fehlen durfte: reichlich Grabbeigaben. Hier Flakons für Parfum und ein Spiegel aus Bronze für eine jung verstorbene Messenierin.

Die Rückkehr

Durch unseren Ratschluss ging Sparta seines Ruhms verlustig,
das heilige Messene erhielt nach langem seine Söhne zurück.
Ganz Griechenland wurde selbständig in Freiheit.
Inschrift im alten Theben

Thelxippa beugt sich über die Reling. Im Dunst vor ihr meint sie Land zu sehen. Das gelobte, das verheißene, die alte neue Heimat. Flüsternd dankt sie Aristomenes und Messene, den Gott gewordenen Vorfahren. Dass sie das erleben darf!

Vor zwei Tagen haben sie endlich Sizilien verlassen und Kurs nach Osten genommen. Lang ist ihnen diesmal der Winter geworden. Als schließlich im April die Stürme abflauten, haben sie sich auf den Seeweg gemacht. Nicht gerade eine Weltreise, aber sie mussten übers offene Meer, wo keine Landmarken mehr weiterhalfen. Sie vertrauten sich ihren guten Sternen an, Kastor und Polydeukes, die ihnen zuverlässig zeigten, wo Norden war. Eigentlich sind diese beiden die mythischen Gründungsväter des Erzfeindes. Da aber auch Messenien seine Zwillinge hat, bringt man sie immer durcheinander und betrachtet Spartas Dioskuren als die eigenen. Auf jeden Fall sind sie die Schutzpatrone der Seefahrer.

Viel ist passiert seit dem Sommer, den die Priester verschliefen, weil sie träumen mussten. Als ein Jahr später Epaminondas so überraschend über die Spartaner siegte, brachte Thelxippa gerade ihren Sohn zur Welt. Die Freudenfeiern in Großfamilie und Sippe potenzierten sich. Hinter ihr auf Deck steht inmitten von Kästen und Kisten auch das Bettchen ihres Kindes. Im Herbst wird der Kleine schon drei

Dioskuren
Entsprangen dem Ei, das Leda legte, nachdem der Schwan über sie gekommen war. Diese Söhne des Zeus wurden später von den Römern adoptiert, die es ja mit Zwillingen hatten: Aus Kastor und Polydeukes wurden Castor und Pollux. Sie galten als das erste Königspaar Spartas, das mit dem Königspaar Messeniens in ewiger Feindschaft verbunden war. Die Zwillingspaare raubten sich gegenseitig die Frauen und Rinder. Dann wieder die Rinder und Frauen. Warum diese Landratten die Schutzpatrone der Seefahrer wurden, liegt an ihrem Sternbild: Kastor und Polydeukes leuchten besonders hell.

Die Klepsydra-Quelle, die Messene Wasser im Überfluss bescherte.

Jahre alt. Zwischen Möbeln und Hausrat haben sich die Diener zusammengerollt. Ihr Mann, seine und ihre Eltern und weitere Anverwandte schlafen noch im Bauch des Lastenseglers, den man für die Rückkehr schon im letzten Jahr erworben hat. Als gerade der Grundstein zu der neuen Hauptstadt Messene gelegt worden war. Gleich nach dem Sieg in Leuktra hatte Epaminondas die Messenier in der ganzen Welt aufgefordert, wieder heim in das Land ihrer Vorväter zu kommen. Das ließen sich die Messenier im sizilianischen Messene nicht zweimal sagen. Aber erst mussten ja die Häuser verkauft, die Haushalte aufgelöst, die Geschäfte übergeben werden. Dass in diesem Sommer die 103. Olympischen Spiele anstehen, haben die Messenier vor lauter Umzug fast vergessen.

Das Schiff hält auf die Südwestspitze des Peloponnes zu, umrundet das Kap und biegt in eine breite Bucht ein. Eine heiße Brise aus Süden schiebt die Schaluppe schnell ihrem Ziel zu.

Zur Gründung der neuen Hauptstadt vor knapp einem Jahr sind erst einmal die Priester ausgefahren. Und nicht nur die der sizilianischen Gemeinde. Alle Seher wurden ausgeschickt, den Standort der Stadt auszugucken. Weil Propheten sich nach Bergen richten, wandten sie sich traumwandlerisch dem Ithome zu, seit Urzeiten der heilige Berg Messeniens. Doch eher weise Voraussicht als Rückschau lenkte ihre Schritte zu diesem Massiv. Ein Tal auf der Westseite erschien ihnen ideal für die neue Stadt, weil der Ithome eine natürlichen Barriere gen Osten bildet. Noch trauten die Messenier dem Frieden und Sparta nicht. Neben Sicherheit brauchten die Siedler Wasser, auf dass ihre Stadt richtig groß werden konnte. Der Bergherr Zeus war barmherzig und ließ eine Quelle springen, die ohne Unterlass sprudelt und selbst in den Hundsmonaten den bald 30 000 Einwohnern einen Badespaß ohnegleichen bescherte. Der große Spender hatte noch einen Rat parat, den seine Priester weiterleiteten. Sollte die Zukunft der Stadt eine glänzende sein, durfte sich nicht das kleinste Relikt aus der dunklen Vergangenheit auf dem Terrain befinden. Hastig durchkämmten die Seher die verfilzten Haine und da sich nirgendwo eine Ruine zeigte, gaben sie das Gelände zur Bebauung frei. Dass sie etwas Wesentliches übersehen haben, stellt sich erst 2364 Jahre später heraus.

Der Wind wird stärker und Thelxippa wickelt sich fester in ihren Schal ein. Nicht weil es sie fröstelt. Der Sturm aus dem Süden ist warm, bringt aber aus Afrikas Wüste gehörig Sand mit sich, der wie mit Nadeln sticht. Er trübt den Blick auf die Küste, wo eine Wildnis aus Feigenbäumen

Blick vom Ithome auf Messene und Messenischen Golf.

fast bis zum Wasser reicht. Im Sandgestöber gehen die Fischerkaten unter, die sich an der Nordseite der Bucht einmal zu Kalamata auswachsen werden. Thelxippa reibt sich die Augen. Schroff zeichnen sich im Osten die Zinnen des Taygetos-Gebirges ab, um diese Jahreszeit noch schneebedeckt. Einst passende Kulisse für Sparta, das dahinter ganz klein geworden ist. Höchste Zeit für den Frieden. Und doch trauern die friedliebenden Messenier einem Krieg nach. Einem Krieg, den sie verpasst haben. Jenem Krieg gegen die Perser, der einst die Griechen einte und ihnen eine Identität gab. Als sich die Griechen zum ersten Mal als Nation fühlten, waren die Messenier bereits vertrieben.

Aus dem Dunst lösen sich andere Schiffe, die alle auf die Nordküste der Bucht zuschießen. Kommandorufe werden laut und Begrüßungen, die von Deck zu Deck geschrien werden. Auch Thelxippas Sohn schreit. Ihr Segler rumpelt unsanft in den Hafen ein, wo ein Wald von Masten rauscht. Große Lastkähne entladen gerade ihre Fracht: Sklaven, die in unendlicher Reihe, unendlicher Ruhe die Planken hinuntertrotten. Tiefschwarze aus dem Innern Afrikas, hochgewachsene Sudanesen, Wüstensöhne aus der Sahara, Skythen vom Schwarzen Meer, wilde Kaukasier, Illyrer vom Balkan, Orientalen aus Kleinasien. Alles, was an Sklaven auf dem Markt ist, kaufen die Messenier im Moment auf. So bewegt sich eine Menschenschlange, 20 Kilometer lang, laufend auf ihre Hauptstadt zu. Neben dem Sklavenstau reiht sich Wagen an Wagen, auf denen es die freien Messenierinnen nicht unbedingt bequemer haben. Auch Thelxippa wird in einer dieser Sammelkutschen fast erdrückt und gäbe jetzt viel für ein Pferd. Die Männer reiten, selbst die alten. In den Gründerjahren machen neben Sklavenhändlern die Pferdehändler das Geschäft ihres Lebens im rossetragenden Messenien.

Karren und Menschengespanne halten auf einen Berg zu, der sich wie ein Altartisch aus der Ebene erhebt. „Ithome", flüstern die Messenier und halten andachtsvoll inne. „Endlich. Zeus sei Dank. Aristomenes sei Dank!" Ihren Freiheitshelden haben sie nie vergessen. Wie auch, wo sich jetzt die Geschichten mehren, dass er Epaminondas unter die Fechtarme gegriffen hat. Auf dem Schlachtfeld von Leuktra soll er erschienen sein, und wie ein Gott, der er ja ist, gekämpft haben. Nur so können es sich die Messenier erklären, dass das kleine Heer des Thebaners das riesige Spartas schlagen konnte.

Von Süden her nähern sich Thelxippa und Familie ihrer neuen Hauptstadt. Als gebrannte Kinder haben die Messenier als erstes an ihre Sicherheit gedacht. Nach nur einem Jahr Bautätigkeit ist die mächtige Stadtmauer fast fertig. Stolze neun Kilometer ist sie lang, durch und durch solide gefügt aus riesigen Quadern, die in den Steinbrüchen nördlich des Ithome Tag und Nacht geschlagen werden. Alle hundert Meter werden die ohnehin starken Mauern durch Wehrtürme noch verstärkt.

Hellenismus

Beginnt mit der Thronbesteigung Alexanders des Großen 336 v. Chr. Griechenland wird riesig und die Architektur bombastisch. Man spricht vom Barock der Antike, siehe Ephesos. Messene hält sich vornehm zurück und bleibt auch in puncto Stil eine Ausnahmeerscheinung. 323 v. Chr. stirbt Alexander und das Reich wird unter seinen Generälen aufgeteilt, den Diadochen. Einer erhält Ägypten, einer Asien, einer Griechenland. Keiner ist aber zufrieden und sie bekriegen einander jahrzehntelang. So ohne Alexander besinnen sich die Griechen wieder auf ihre Eigenständigkeit und es kommt zu einer Reihe von Befreiungskämpfen gegen Makedonien. Endlich frei, tauchen die Römer auf, die Griechenland Freiheit versprechen, dann aber doch ab 148 v. Chr. Stadtstaat nach Stadtstaat annektieren. Die Folgeperiode bis zur großen Zeitenwende wird die römisch-hellenistische genannt.

Herakles
Halbgott und Abgott aller antiken Athleten. Der Prototyp des Muskelmannes wurde von den Sportlern angebetet, eine Statue von ihm befand sich garantiert in jeder Arena, in jedem Gymnasion. Als Kämpfer mag er ein Stier gewesen sein, menschlich war er ein Schwein. Seine so genannten zwölf Arbeiten sind keine Heldentaten. Da kündigt er zum Beispiel groß an, den Gürtel der Amazonenkönigin zu erringen. Was dann ganz leicht ist, weil die starke Frau schwach wird und sich in ihn verliebt. Weil er seinen Kumpels nicht mit einer Lovestory kommen kann, bringt er die Amazone um. Auf dass aus dem Raub des Gürtels eine bluttriefende Geschichte wird.

Ein Empfangskomitee begrüßt Thelxippas Sippe herzlich. Familiennamen sind nun Losungen, auf dass sich Wildfremde in die Arme fallen und sich mit Tränen in den Augen Bruder und Schwester nennen. Den Neuankommenden wird ein Platz im Laubhüttenlager an der alten Handelsstraße zugewiesen, die sich renitent durch Planquadrate schlängelt. Bis ihr neues Haus fertig ist, bleiben sie im Behelfsquartier. Weil's die Messenier als alte Dorer auch mit der Gleichheit haben, erhält jede Familie einen ähnlich großen Bauplatz. Thelxippa und die Ihren ergattern einen im Westen der Stadt, dem künftigen Villenviertel. Grundstücke werden nicht nur für Häuser gerodet. Mitten in der Stadt pflanzt man neu an, belässt aber in vielen Ecken auch den alten Baumbestand. Ein Heer von Gärtnern arbeitet sich an der Stadtmauer entlang, die bald zweifach für Sicherheit sorgt. Auch bei langer Belagerung wird in Messene keiner verhungern. Beim südlichen Stadttor wird eine riesige Fläche planiert, auf die weder Haus noch Baum kommt. Sportler ziehen bereits ihre Kreise in einer provisorischen Arena. Der göttliche Trainer ist auch schon aufgelaufen: eine Statue des Herakles, die wegen der Eile etwas grob geraten ist. Was seiner Wirkung keinen Abbruch tut: In diesem Sommer wird der junge Damiskos in Olympia den Stadionlauf der Knaben gewinnen. Ein Volk holt auf.

Die Traumstadt

Die einzige Harmonie, die der Seele vollkommene Ruhe gibt, ist die dorische Harmonie.
Aristoteles

Thelxippas Sohn eifert Damiskos nach. Auch er will in Olympia siegen und er hat das Zeug dazu. Denkt nicht nur die stolze Mutter. Fast elf ist er jetzt, acht Jahre nach ihrer Ankunft in Messenien, und mit ihm ist auch die Stadt

Haupteingang zum zentralen Heiligtum der Stadt.

ordentlich gewachsen. Thelxippa bringt ihn gerade zum Gymnasion, weil aus ihm ein Sportler werden soll, wie die Männer der Familie entschieden haben. Ein griechisches Gymnasion ist in erster Linie Turnhalle und ganz nebenbei Schule. Mutter und Sohn verlassen das Haus und fächeln sich schon im Säulengang Luft zu. Nach einem heißen Frühling lastet ein noch heißerer Sommer auf der Stadt. Aber die ist – den Planern sei Dank! – so angelegt, dass die Bewohner immer ein kühles Plätzchen finden. So ist zwischen Häusern und Stadtmauer ein Wäldchen aus Feigen, Oliven- und Obstbäumen entstanden. Ein Grüngürtel, der die Stadt selbst bei Bruthitze temperiert. Auch im Wohngebiet haben die Stadtplaner schönen Schatten geschaffen. Wo 40 Grad an der Hundstagesordnung sind, wird alles für kühle Lüftchen getan. Wenn wie heute die Hitze steht, wirkt ausgeklügelter Durchzug wie ein Ventilator in privaten und öffentlichen Gebäuden. Dass diese Brise keine heiße ist, dafür sorgen Laubengänge, deren dichtes Blätterdach merkbar die Temperatur senkt. Weil frisches Grün die beste Klimaanlage ist, hat man ganze Wälder ins Zentrum verpflanzt und so den Stadtpark erfunden.

Thelxippa und ihr Sohn treten auf die Gasse hinaus. Unter dem Kalksteinpflaster verbirgt sich eine durchdachte Kanalisation, um die heftigen Winterregen sofort abzuleiten. Sie blickt hinauf zum Ithome und denkt unwillkürlich an den Ätna, ihren früheren Hausberg. Wie jener hat auch dieser eine dichte Rauchwolke um den Gipfel.

Die da oben Zeus gerade Tieropfer über Tieropfer darbringen, blicken, so der Qualm ihnen nicht die Sicht vernebelt, auf eine wohlgefügte Stadt. Auf ein Straßennetz, das wie ein Schachbrett anmutet. Nur zwei Linien stören die Ordnung. Eine schlängelt sich von Norden nach Süden, eine von Westen nach Osten. Ameisenheere bewegen sich auf ihnen. In eine dieser Verkehrsadern biegt Thelxippa ein, kurz nachdem sie das große Theater passiert hat, dessen Rückseite sich wie eine Festung wölbt. Die Hauptstraße, die vom Stadttor im Norden ins Zentrum führt, ist äußerst belebt. Pferdekarawanen drängen herein, Eselskarawanen hinaus, was zu Zusammenstößen führt. Treiber schreien, Händler fluchen. Reisende suchen die Gruppe, Soldaten ihren Trupp, Pilger den Anschluss. Zuflucht suchen Thelxippa und ihr Sohn nun in Messenes kühlstem Haus.

Was in Ägypten gerade Wellen schlägt, können sich dank ihrer Quelle auch die Messenier leisten: einen Wassertempel. Das in diesen Breiten geheiligte Nass wird hier nur im wahrsten Sinne des Wortes mit Füßen ge-

Antike Geschichtsschreiber

Herodot war der Urhistoriker und Vater der Geschichtsschreibung. Um 490 v. Chr. geboren, unternahm er ausgedehnte Forschungsreisen nach Asien und Afrika. Den neun Bänden seiner Historien stellt er folgende Erklärung voran: „Dies ist die Darlegung der Erkundung des Herodot aus Halikarnass, auf dass, was von Menschen geschehe, nicht mit der Zeit verblasse, noch Taten, groß und des Staunens wert, vorgewiesen von Hellenen wie Barbaren, ihres Ruhmes verlustig gehen – manches andere und so auch, warum sie Krieg geführt miteinander.“ Was, in Bezug auf die Götter, auch den Geschlechterkrieg betrifft.

Thukydides, um 455 v. Chr. geboren, macht schon die Menschen für ihr Tun verantwortlich und klammert die Götter aus. Er ist der Chronist des Peloponnesischen Kriegs zwischen Athen und Sparta, den er nicht als Heldenlied, sondern als Trauergesang aufzeichnet. Akribisch beschreibt er die Schrecken und Gräuel des Krieges und schlägt sich, schon ganz richtiger Historiker, mit Objektivität und Subjektivität herum. „Was aber tatsächlich geschah in dem Kriege, erlaubte ich mir nicht nach Auskünften des ersten Besten aufzuschreiben, sondern bin Selbsterlebtem und Nachrichten von andern mit aller erreichbaren Genauigkeit bis ins Einzelne nachgegangen. Mühsam war die Forschung, weil die Zeugen der einzelnen Ereignisse nicht dasselbe über dasselbe aussagten, sondern je nach Gunst und Gedächtnis.“

Messenes Sportbezirk mit seinen grandiosen Propyläen.

treten. Weiße Marmorstufen fungieren als Katarakte und treppauf und treppab kühlen sich Thelxippa und ihr Sohn beim Laufen ab. Nackte aus Stein stehen über den Fluten, in den Pools planschen die aus Fleisch und Blut. Wer nicht ins Wasser will, trinkt es lieber in der Wandelhalle, schießt es da doch fast eisig aus den Speiern. Für Thelxippa ist das Brunnenhaus eine Wohltat fürs Auge. Auf den Halbsäulen der Halle cremefarbener Stuck, in mehreren Schichten aufgetragen. Dahinter die grellweiße Rückwand und über allem ein bunter Fries.

Thelxippa benetzt ihr Gesicht mit Wasser und steuert dann inmitten weiterer Karawanen, die sich ineinander verkeilen, die Agora an, das große Marktzentrum der Stadt. Hier taucht sie in Wohlgerüche ein. Dieser Markt mit seinen Läden, Einkaufspassagen, Warenhäusern, Banken, Werkstätten, Herbergen, Garküchen und Tavernen hat viel vom Orient. Vor allem exotische Spezereien, da das Morgenland mehr und mehr Inland wird, je weiter sich Hellas nach Osten ausdehnt. Auf den Marktplätzen singsangen die Geschichtenerzähler aber nicht von Tausendundeiner Nacht, sondern vom zehnjährigen Krieg. Homer und seine Ilias sind nach wie vor aktuell.

Thelxippa zieht ihren Sohn weiter und sie passieren den Tempel des Zeus, der im Außenbezirk der Agora steht. Am Rande huldigen die Messenier den olympischen Göttern, zentraler sind aber ihre eigenen. Thelxippa schreitet die Stufen des Hauptheilig-

Homer

Hebt mit einem Paukenschlag die europäische Literatur aus der Taufe. In der Nähe von Smyrna, dem heutigen Izmir, im 8. Jahrhundert v. Chr. geboren; fast zur gleichen Zeit, als die Griechen nach 400 Jahren Pause wieder eine Schrift kreieren. Ihre Sprache schreiben sie jetzt mit den Buchstaben des phönizischen Alphabets. „Der Vater der Dichter", wie ihn Goethe apostrophiert, hielt in seiner „Ilias" einen Krieg fest, den sich die Menschen über Jahrhunderte weiter erzählt haben. Der Erzähler ist merklich im Zwiespalt. Als Mann Kleinasiens leidet er unwillkürlich mit den Trojanern, als Grieche muss er zu den Mykenern halten.

Säulenordnung
Es gibt dorische, ionische und korinthische Säulen. Dorisch sind die wuchtigen, einfach kannelierten Säulen mit schmucklosem Kapitell. Ionische Säulen sind graziler und haben ein verspieltes Voluten-Kapitell. Korinthische Säulen sind auch schmal, aber mit mächtigem barocken Kapitell.

Kapitell
Aufsatz einer Säule, auf der dann der waagrechte Steinbalken, der Architrav ruht. Das Kapitell ist je nach Stil von wenig bis aufwändig verziert.

tums hinab, biegt unter der überdachten Halle nach rechts und muss Pilgern und Statuen ausweichen, die sich hier bereits ballen. 300 Jahre später werden es 140 Standbilder sein, die Spalier stehen. Kurz hält Thelxippa im Herrgöttinnenwinkel an, wo sie der Göttin Artemis Orthia ein paar Münzen spendet. Diese uralte Gottheit betet auch der Feind an. Drüben in Sparta geißeln sich die Jünglinge vor ihrem Standbild, um zu beweisen, wieviel sie ertragen können. Die messenische Artemis Orthia verlangt diese blutigen Opfer nicht. Thelxippa wird ihr dereinst die Tochter anempfehlen und alle gute Wünsche für sie in eine Stele ritzen, auf dass die Göttin den Katalog vor Augen hat.

Thelxippa wendet sich jetzt der Göttin zu, die nur die Messenier haben: Messene, die erste Königin und mythische Urmutter der Messenier, nach der auch die Stadt benannt wurde. Ihre große Statue aus Gold und parischem Marmor steht im Tempel, der Zentrum des Heiligtums ist. Mit zwölf Säulen an der Längsseite und sechs an der Breitseite, ist er – ganz entgegen dem Stil der Zeit – ein echt dorischer Tempel. Die messenischen Baumeister halten auch in puncto Architektur an der Vergangenheit fest. Der dorische ist der älteste Baustil Griechenlands, der ab dem 6. Jahrhundert v. Chr. entwickelt wurde. Er verkörpert die einfache Eleganz, den schönsten Purismus: Schnörkellos sind **Säulen** wie **Kapitelle**. Herausragende Beispiele der dorischen Baukunst sind der Zeus-Tempel in Olympia und das Parthenon auf der Akropolis. Jetzt, im 4. Jahrhundert v. Chr., ist der dorische Stil aus der Mode gekommen und man bevorzugt die Üppigkeit des ionischen und korinthischen Stils, wo Kapitelle mit Ornamenten und floralen Mustern überladen werden. Nicht so in Messene. Hier hat man den fast vergessenen Baustil aus der Versenkung geholt und wunderbar wiederbelebt.

Zeitlos schön ist Messenes Tempel. Neun Meter ist er hoch und thront auf einer dreistufigen Basis. Weil in einem Seitengelass des Vorvaters Asklepios gedacht wird, nennen Nachkommende das gesamte Heiligtum Asklepion, da sie den Urmessenier mit dem Gott der Heilkunde verwechseln. Dass eigentlich Messene die Gotteshausherrin ist, werden dann die Römer geflissentlich vergessen.

Um den Riesenaltar – zweieinhalb auf zwölfeinhalb Meter – herrscht schon großes Gedränge und Thelxippa nimmt den Sohn fester an die

Hand. Die Dankesopfer wollen kein Ende nehmen und Priester treiben die Lämmer im Akkord zur Schlachtbank. Wasserträger verheddern sich mit Würdenträgern, die jetzt auf das Rathaus zueilen, dem imposantesten Gebäude in der Stadt. Wohnen sonst den überragenden Häusern die Götter inne, gehört hier das höchste der weltlichen Macht. Das Bouleuterium, in dem die Ältesten auf 76 Steinsesseln zu Rat und Gericht sitzen, stellt die benachbarten Heiligtümer in den Schatten.

Nicht nur die Volute schmückt das messenische Kapitell. Neben der spiralförmigen Einrollung sind es hier Rosetten und stilisierte Blätter.

Thelxippa verlässt den Tempelbezirk über den Haupteingang im Osten, wirft einen kurzen Blick nach links in das Halbrund des Ekklesiasterions, in dem die Messenier sich versammeln. Nicht nur den ernsten Debatten über Stadtsicherheit dient das kleine Amphitheater. Thelxippa und ihre Familie haben da Sängern gelauscht, Musik gehört und Poeten gefeiert.

Ehrenmale flankieren die Prachtstraße, die östlich am Heiligtum entlangführt. Wie schon die Spartaner unter Lykurg, haben sich auch die Messenier ihren Friedhof ins Zentrum geholt. War er erst den Gott gewordenen Ahnen vorbehalten, werden neben den mythischen bald reale Helden beerdigt. Befreier Epaminondas hat hier den größten Gedenkstein bekommen. Vor zwei Jahren ist er gefallen, als er nun mit den Messeniern zur Seite abermals gegen die Spartaner zog.

Thelxippa und Sohn steuern nun großartige **Propyläen** an: der Eingang zu einem weiteren hochheiligen Bezirk. Dem des Körperkultes. Arena und Gymnasion sind Zuchtstätten der Männlichkeit. Prachtexemplare aus Stein zeigen hier auf, was mann erreichen kann. Haben doch Herakles und Hermes auch klein angefangen und sind jetzt in den Sportstätten die größten Götter. Die beiden machen die jungen Athleten mental fit für die Heimspiele in Messene und die großen in Olympia. Und für den tagtäglichen Wettkampf, ist doch Sport in der Antike Gottesdienst. Stirbt einer der Ältesten, gehört zum Staatsbegräbnis der Stadionslauf. Keine Feier geht im alten Griechenland ohne Sport ab. Bei Hochzeiten wird gesprintet, bei Taufen gerungen, und zu großen Familienfesten passt der Fünfkampf.

Thelxippa übergibt ihren Sohn nun den Lehrern. Weil er hier jetzt wohnt, sieht sie ihn bald häufiger in der Arena als zu Haus. Sein Name wird in drei Jahren groß im steinernen Klassenbuch erscheinen; siegt er bereits in der Zwischenzeit, kommt er noch größer heraus.

Propyläen

Heißt genau übersetzt „Vorbau vor dem Tor“. Gemeint ist der Torbau mit Säulen und Dach zu Heiligtümern, Palästen, Sportanlagen.

Ephebe ist er nun, was der Mannbare heißt, zu dem ihn das Gymnasion ja eigentlich erst machen soll.

Bevor sich Thelxippa von ihrem Sohn verabschiedet, gehen sie noch ins Stadion. Von der Tribüne aus verfolgen sie junge Athleten, die für die Olympischen Spiele trainieren. Die 105. stehen kurz bevor, die hoffentlich wie gehabt stattfinden werden. Die 104. vor vier Jahren mussten abgebrochen werden, weil sich die Länder Elis und Arkadien nicht nur nicht an den Frieden hielten. Nein, sie trugen ihren Krieg sogar nach Olympia hinein und machten das Stadion zum Schlachtfeld. Zuschauer wie Sprinter rannten um ihr Leben und flüchteten aus der Sportstätte.

Messenes Töchter

Der Frauen Zustand ist beklagenswert.
Zu Haus und in dem Kriege herrscht der Mann.
Iphigenie auf Tauris

Mitunter bekämpfen Männer die Frauen. Thelxippa schlägt zurück, und das nicht immer verbal. Unter Messenes Schutz, die Urmutter und Große Mutter ist, lässt es sich leichter aufmüpfig sein als anderswo. Streitbarkeit liegt ihr im Blut, haben doch schon ihre Vorfahrinnen Steine vom Ithome herab auf die Angreifer geschleudert. Jetzt sind ihre Geschosse Dachziegel, wenn wieder mal die Spartaner anrücken. Die Frauen da drüben sind stärker, dürfen die ja auch ins Gymnasion. Aber das steht in Messene nicht zur Debatte, was beileibe nicht heißt, dass hier den Frauen der Mund verboten ist. Thelxippa redet bei anderen Themen mit.

Im Griechenland ihrer Zeit geht es den Geschlechtsgenossinnen nicht so gut. So paradox es ist: Die Demokratie ist gegen sie. Je freier der Staat, desto unfreier die Frauen. Volksherrschaft heißt in Athen Männerherrschaft und ein Mann wie Thukydides, der das Leid eines Krieges am Beispiel des Peloponnesischen beschrieben hat, zettelt einen neuen an: „Die beste Frau ist die, von der man am wenigsten spricht."

In grauer Vorzeit war sie nie eine graue Maus. Spielte sie doch die Hauptrolle, im Glauben wie in der Kunst. Ein Matriarchat hat es, so schön es gewesen wäre, wohl kaum gegeben. Aber es existierten Gesellschaften,

Eine der Schönen Messenes, ganz wie die lockeren Schwestern des Brudervolks im durchscheinenden Gewand.

in denen man zu den Frauen aufsah. Wie zum Beispiel die minoische Kultur auf Kreta, wo sie, wie die Fresken zeigen, im Vordergrund stehen. Bei den Hethitern in Kleinasien regierten die Frauen im Staat und im Haus mit. Auch bei den Mykenern – so sehr diese Krieger die Männlichkeit auf den Schild hoben – war das später schwache Geschlecht noch sehr machtvoll. Dass in den alten Kulturen die Frauen obenauf waren, zeigt die Machtverteilung im Himmel. In allen Urreligionen sind es die Großen Mütter, die das Sagen haben. Als dann im antiken Griechenland die Männer immer stärker wurden, verschob sich auch das Machtgefüge auf dem Olymp. Doch immer hatten die Göttinnen einen kleinen Vorteil. Ares war der böse Kriegsgott, Athene die gute Kriegsgöttin. Sie wird angebetet, er verachtet.

Als die Männer dann zu denken beginnen, haben die Frauen es auszubaden. Dreizehn Jahre nach der Gründung Messenes wird 356 v. Chr. in Nordgriechenland Alexander geboren, bald der Große genannt. Erzogen wird er von Aristoteles, dem Freund der Wissenschaften und einem Feind der Frauen. Aristoteles (wunsch)denkt sich das schwache Geschlecht aus. Nicht mehr der Mensch, sondern der Mann ist nun das Maß aller Dinge. Er allein zeuge die Kinder – versteigt sich der Philosoph – und die Frau fungiere dabei bloß als Gefäß. „Die Weiblichkeit muss man als natürliche Verkümmerung betrachten," geringschätzt der sonst so geniale Vordenker. In der Alten, sprich Männerwelt greift man diese Idee begeistert auf. Frauen, die halben Wesen, haben neben ihrer Funktion als Petrischale nur noch eine Pflicht, unauffällig zu sein.

Je mehr die Hellenen an Macht gewinnen, desto mehr nimmt die Macht der Helleninnen ab. Nicht so in Messene. Ganz wie beim Baustil, stemmt man sich hier gegen den Strom der Zeit. Das heißt, die Frauen stemmen sich. Wie erfolgreich sie waren, zeigt sich noch im Tod. Auf dem Zentralfriedhof mitten in der Stadt werden neben Helden auch Heldinnen beerdigt. Und neben dem Kriegerdenkmal steht das der Kriegerinnen.

Nicht nur um das Hauptheiligtum reihen sich Gräber. Auch im Bezirk des Gymnasions errichtet man Gruften, in denen nicht nur verdiente Sportler bestattet werden.

Vielleicht sind weitere Frauen in dem Mausoleum bestattet, das in der Südkurve des Stadions eindeutig in Bezug auf die Arena steht. Dieses Grabmal, sichtlich ein Stilimport aus Kleinasien, wirkt wie ein aufwändiges Bühnenbild, von den teuren Plätzen aus gesehen. Mit einem pompösen Vorbau, den dorische Säulen tragen, muss dieses Grab für ganz besondere Helden/Heldinnen bestimmt gewesen sein. Von Aristomenes ist die Rede. Aber weil der für die Messenier nie gestorben ist, kann er auch nicht beerdigt sein.

Das starke schwache Geschlecht: Archäologinnen in Messene.

Wenn schon die Gräber Paläste sind, sind es die Häuser der Lebenden allemal. Messene wächst sich prächtig zur Metropole aus, die in Alexanders Riesenreich bald als die Schönste im ganzen Griechenland gilt. Was Wunder, dass sie sehr begehrt ist und verteidigt werden muss. Die Messenier haben weiter gegen

Byzantinische Zeit

Beginnt 330 n. Chr., als der römische Staatsapparat aus Angst vor den Wilden aus dem Norden nach Byzanz verlegt wird. Aber es sind nicht die Römer, sondern nun wieder die Griechen, die diese Kultur tragen. Diese ist fast ausschließlich geprägt vom Christentum, das 380 n. Chr. zur Staatsreligion erklärt wird. Kunst sind jetzt die Ikonen, die zwischenzeitlich verboten werden, aber Kaiserin Theodora erhält uns die Bilder mit den traurigen Gesichtern und Gestalten. Basiliken sind erst winzig, dann kolossal wie die Hagia Sofia. In Konstantinopel herrschte ein Kaiser, der als von der Vorsehung eingesetzter Weltherrscher und Stellvertreter Christi galt. Auch die Orthodoxen wollten so etwas wie einen Papst haben. 1453 erobern die Türken Konstantinopel.

die Spartaner zu kämpfen, tun das aber mittlerweile wohl sehr gekonnt. Bezeichnenderweise stellen sie in Olympia zweimal den Sieger im Boxkampf, 344 und 340 v. Chr. Die Stadt wird dann ab 323 v. Chr. in die Wirren um Alexanders Nachfolge hineingezogen und kriegt einiges von den Fehden ab. Nun hat man mit unsportlichen Kämpfen alle Hände voll zu tun und deshalb gewinnt erst 300 v. Chr. wieder ein Messenier in Olympia. Sophios hat im Stadionlauf der Knaben die Nase vorn.

Pyrrhos, der König von Epirus, das hoch im Norden von Hellas schon auf dem Balkan liegt, setzt jetzt alles dran, als Erfinder der sinnlosen Siege in die Geschichte einzugehen. Er ist entfernt verwandt mit Alexander, fühlt sich aber plötzlich wie dieser und fällt mit seinem Heer 272 v. Chr. auf dem Peloponnes ein. Die große Gefahr schweißt die verfeindeten Brudervölker zusammen und zum ersten Mal kämpfen Messenien und Sparta gemeinsam gegen den Feind. Die Gefahr wird abgewehrt und die Messenier danken den Spartanern die Waffenhilfe mit einem Standbild in ihrer Stadt.

Schätze für ein Leben danach: Oben ein Siegelring, unten Parfumflakons, ein Spiegel und Gewandnadeln.

Nach all den Kriegen kann man sich wieder den Wettkämpfen zuwenden und der Messenier Gorgos gewinnt 232 v. Chr. den Fünfkampf in Olympia. Und drei Olympiaden später siegt Agesidamos im Pankration, einer Art Boxringkampf.

Nicht gerade mit freundlichen Absichten tauchen 214 v. Chr. die Makedonen vor Messene auf. In der Abwehrschlacht tut sich eine Ururenkelin Thelxippas besonders hervor, die den gleichen Namen trägt. Neben ihr schleudern Thiva, Lyso und Gorgo die Dachziegel und Speere, alle aber fallen nach langen Kämpfen für die Mutterstadt. Den vier Kriegerinnen wird dann an zentraler Stelle am Haupteingang zum Asklepion ein Denkmal errichtet.

Namenlose Siegerinnen bringt man entlang des Stadions mit passendem Kranz unter die Erde. Über zweitausend Jahre später werden diese Frauen die Archäologen in große Verwirrung stürzen. Gab es doch Sportlerinnen in Messene?

Das Nordtor Messenes, auch das Arkadische genannt.

Aus der Traum

Denn Gott ist nicht ein Gott der Unordnung, sondern des Friedens.
Paulus an die Korinther

Thelxippas Urenkel sind die Stars der Altherrenriege, als Messene auf die Verliererstraße kommt. Noch sieht es nicht danach aus, denn die Stadt wird gerade luxussaniert. Gerade mal 155 Jahre nach Gründung der Stadt beschließen die Messenier 214 v. Chr., das zentrale Heiligtum größer und schöner auszubauen. Es ist das Wirtschaftswunderjahrhundert des Hellenismus und man setzt nun auf Handel statt auf Händel. Wie einst die Mykener, exportieren auch die entfernten Nachfahren Öle und Duftwässer übers Meer. Weil die Stadtstaatskasse gut gefüllt ist, wird die Statue der Messene noch goldener, noch höher, noch wunderbarer als sie ohnehin schon ist. Damophon klopft sich die Finger wund, denn er sorgt in der Folgezeit für die kolossale Statuenausstattung des Heiligtums.

Doch der Frieden währt kurz. Diesmal droht die Gefahr von Westen und betrifft ganz Griechenland. Nur die Spartaner sind fein raus. Sie bekommen eine Extrablutwurst gebraten, weil der neue Feind sie wahnsinnig bewundert. Rom schickt sich an, die ganze Alte Welt zu erobern. Weil das AlteWeltmännische ihnen gänzlich abgeht, müssen sie sich Kultur aufpfropfen. Alles wird kopiert, von der Religion über den Baustil bis zur Dekadenz. Als pathologische Krieger bewundern sie natürlich die Spartaner und übernehmen begeistert deren Kasernen und Drill.

So die Römer überhaupt Kunst schaffen, ist es die Kriegskunst; zwei Worte, die man eigentlich nicht verbinden sollte. Auf jeden Fall sind sie Schöpfer der Neidkultur. 218 v. Chr. ziehen sie zum zweiten Mal gegen Karthago, weil diese Stadt auf der anderen Seite des Mittelmeer all das hat, was Rom sich wünscht. Karthago ist viel schöner, kultivierter, bedeutender als das Nest am Tiber.

Das darf nicht sein. Also starten sie ihre Propaganda, die sie so meisterhaft beherrschen, dass sie bis heute nachwirkt. Noch heute nennen wir die römischen Angriffskriege punische, obwohl die Phönizier, gleich Punier, diese Kriege nicht initiiert haben.

Rom will mehr. Die Iberische Halbinsel ist bereits erobert und jetzt wird der Osten ins Visier genommen. Griechenland hat nur das Glück, dass die Römer es so bewundern. Bis auf die frechen Makedonen, die sich 200 v. Chr. mit dem Erzfeind Hannibal verbünden.

Das muss bestraft werden und die Römer rücken in Griechenland ein. Schlagen ihre Disziplinarschlacht und vorbei ist's mit Makedonien. Das habe nichts zu bedeuten, behaupten die Römer, und sagen 196 v. Chr. den griechischen Stadtstaaten die Freiheit zu. Und wie bei emporkommenden Großmächten üblich, wählen sie für die große Geste eine große Szenerie: die Isthmischen Spiele von Korinth, wo der Sieger den Griechen den Sieg überlässt.

Leere Versprechungen. Zuerst zerstören die Römer 146 v. Chr. Karthago, mit einem Hass, der beispiellos ist. Sie schleifen sogar noch die Grundmauern der Stadt und streuen Salz auf die Felder, auf dass auf Jahre hinaus nichts mehr wächst. Es ist keiner mehr da, der sie beackern könnte, denn die Römer haben den ersten Völkermord der Geschichte begangen. Die Punier gibt es nicht mehr. Im gleichen Jahr wird Korinth nicht ganz so drastisch zerstört und Griechenland zur römischen Provinz.

Rom wird von der Ziegel– zur Marmorstadt und exportiert seine Ziegelbauweise auch nach Griechenland, unter anderem nach Messene. Sie haben auch noch ein paar Götter abzugeben. Südlich des Theaters entsteht ein großes Heiligtum für Isis und Sarapis, ägyptische Gottheiten, die gerade groß in Mode sind.

Immer noch bewohnen Messenier Messene, aber die Römer bauen die Stadt für ihre Bedürfnisse um. So finden im Stadion nun ausschließlich Gladiatorenkämpfe statt. Wissen die Götter, wo die Messenier weitertrainieren, aber sie tun es erfolgreich. 48 und 44 v. Chr. gewinnt Theodoros den Stadionlauf in Olympia. Die Römer halten nichts von Gräbern in der Stadt und bauen den Friedhof am Arkadischen Tor aus.

Weil Rom immense Steuern verlangt, um den Luxus daheim zu finanzieren, wird Griechenland immer ärmer. Nur Sparta wird weiter geschont. Bei den genügsamen Soldaten ist auch wenig zu holen.

Mit Nero ändert sich das. Dieser Kaiser, der posthum als Irrer und Brandstifter verunglimpft wurde, war weit besser als sein Ruf. Und wieder einmal hat die römische Propaganda ganze Verschleierungsarbeit geleistet. In Wirklichkeit sei Nero ein guter Mensch gewesen, sagen Historiker von heute. Ein Idealist, der die Griechen bewunderte, die Spartaner aber verachtete. Für diesen Kurswechsel stellen ihm dankbare Messenier mindestens drei Statuen in die Agora. 67 n. Chr. besucht er Griechenland und überlegt laut, die Hauptstadt des römischen Reiches nach Olympia zu verlegen. Rom ist alarmiert und die Drahtzieher dort setzen alles dran, dies zu verhindern. Geschichten über seinen Wahnsinn werden in Umlauf gebracht. Als dann Nero noch die Griechen für frei erklärt, muss gehandelt werden. Er begeht angeblich Selbstmord und die Unabhängigkeit Griechenlands wird sofort zurückgenommen.

Die alte Prachtstraße durch den Sportbezirk.

Messenes Wasserwunderwerk, der Brunnentempel.

Messenes Gymnasion leistet weiter gute Arbeit. Mittlerweile als Siegerschmiede weit über die Grenzen Griechenlands hinaus angesehen, streben jetzt vermehrt ausländische Schüler in den Südwesten des Peloponnes. Auch nichtgriechische Lehrer trainieren hier künftige Olympiasieger.

Doch bald ist Schluss mit Spaß, Sport und Spielen, denn die Körperfeinde mehren sich. Die Christen schicken sich an, ihre Vorstellung von Sünde in der ganzen Welt zu verbreiten. In Messene betet man im 1. und 2. Jahrhundert weiter die alten Götter an, aber die Opfer werden klein und kleiner. Armut macht sich zwischen den Tempeln breit. Als ein Erdbeben die alte Pracht zum Einsturz bringt, hat man weder Kraft noch Geld, die Schäden zu beheben. In dieser Endzeitstimmung geben Horden aus dem Norden der Stadt den Rest. Weil auch Rom die wilden Völker fürchtet, verlegt es seinen Staatsapparat nach Ostrom, sprich Konstantinopel. Im 4. Jahrhundert wird dort das Christentum zur Staatsreligion erklärt, womit die Keuschheit Gebot wird.

Die prüden Christen schlagen alle nackten Statuen kurz und klein und setzen an Stelle der Tempel ihre Kirchen. In Messene hält man fernab der beiden Roms noch lange an Zeus, Poseidon und Konsorten fest, aber die wirken nicht mehr. Als es sich dann auf dem Peloponnes herumspricht, der neue eine Gott sei stärker als das alte Dutzend, haben die Missionare ein leichtes Spiel. In Messene errichten die Christen im 8. Jahrhundert n. Chr. die erste große Basilika. Die dann die einzige bleibt. Nur knapp zweihundert Jahre kann sich die frühbyzantinische Siedlung halten, dann deckt die Klepsydra-Quelle die Stätte zu. Neun Meter tief wird sie unter Schwemmerde liegen, als Archäologen im 20. Jahrhundert n. Chr. dann hier den Spaten ansetzen.

Poseidon
unbarmherziger Meer- und Erderschütterer und Gott der schlechten Verlierer. Den jähzornigen Gott fürchteten schon die Mykener. Dann wird er Bruder des Zeus und ist wie dieser hinter jedem Chiton her – nur nicht so erfolgreich. Frauen im Himmel wie auf Erden fanden ihn zum Davonlaufen. Ließ eine ihn abblitzen, nahm er den Schlag ins Wasser wörtlich und türmte mit seiner Faust die Wellen auf. Oder er stampfte vor Wut, was dann ein Erdbeben zur Folge hatte. Wie man in Griechenland zu Lande und zu Wasser bemerkt, wird er immer noch nicht erhört.

Warum arbeiten Archäologen immer im Sommer? Ausgerechnet in der ganz heißen Zeit? Damit die Grabung nicht ins Wasser fällt. Winters versinkt Messene im Schlamm und die Stadt geht abermals unter.

Der Säulensammler

Auf dem Weg von Korinth nach Sikyon liegt das Grabmal des Messeniers Lykos, wer dieser Lykos auch gewesen sein mag; denn ich finde keinen Messenier Lykos, der Fünfkämpfer gewesen ist und einen Sieg in Olympia errungen hat.
Pausanias

Wie ein Erdbeben sie fällte. Säulen mal als Puzzle.

Als die Tempel noch Tempel sind, kommt ein junger Mann nach Messene. Diese Stadt hat schon bessere Zeiten gesehen, aber noch stehen die Zeichen des früheren Wohlstands und der Besucher notiert sie. Ein Glück für die Archäologen ist dieser Ur-Baedeker, der sich um 150 n. Chr. zur Inventur der Antike aufmacht. Er bereist Syrien, Ägypten, Rom und natürlich Griechenland, und kaum eine alte Säule entgeht ihm.

Dekadenz liegt im Trend und der Untergang des Altertums in der Luft, als Pausanias seine Erkundungstour antritt. Kurz bevor so berühmte Orte wie Korinth, Athen, Theben, Olympia und Delphi in der Versenkung verschwinden, hält er ihre Schönheit und Großartigkeit auf Papyrus fest. Weil dieser Chronist der verlorenen Zeit mehr Aufzähler als Erzähler ist, wird alles und jeder akribisch verzeichnet. Zu den Baulichkeiten einer Stadt die schier endlose Reihe verdienter Bürger und Schutzgötter. Über Mythen, Klatsch und Gründungsreports führt er ebenfalls Bücher.

Bei der Archivierung der Vergangenheit bringt ihn Messenes Nordtor aus dem Trott. Das Arkadische – nach dem Nachbar- und nicht nach dem Fabelland benannt – raubt Pausanias die Sprache. Voller Ehrfurcht schaut er zu dem Türsturz auf, den nur ein Kraftgott wie Herakles da hochgewuchtet haben kann. Als er im Torhaus wieder Worte findet, sind's große: „Ich habe niemals die Mauern von Babylon gesehen oder die memnonischen Mauern in Susa in Persien, und sie wurden mir auch noch nie von einem geschildert, der sie gesehen hat. Wenn man aber die Mauern von Ambrosos in Phokis, die von Byzanz und Rhodos zum Vergleich nimmt, so sind die messenischen Mauern noch weitaus gewaltiger."

Vergleiche können leicht in die Irre führen. Vor allem in der Fremde. Pausanias stammte aus Ephesos in Kleinasien und hat in Pergamon studiert. Dieser Ort ist berühmt für sein Asklepios-Heiligtum, das sich in der Ebene unter dem Burghügel erstreckt. Und weil Reisende sich gern an Bekanntes im Ausland halten, schließt er rück, als in Messenes Heiligtum der Name Asklepios fällt. Aha, Asklepion, denkt er sich, für ihn selbstredend ein weiterer Heiltempel. Dass dieser Asklepios zum einen nicht der Gott, zum anderen nur ein Untermieter in der Kultstätte ist, erschließt sich ihm nicht.

Pausanias hat in Messene den Archäologen den Weg bereitet, ihnen die Stätten erklärt. So genau er beim Steinezählen ist – bei Geschichtsdaten vertut er sich um Jahrhunderte. So fanden die Archäologen im Vergleich mit andern antiken Geschichts- und Geschichtenschreibern einen dritten Messenischen Krieg; und der Volksheld Aristomenes lebte wohl weit später, als von Pausanias angenommen. Oder es gab mehrere. Oder der eine lebte fort. Glaubt man den heutigen Messeniern, lebt Aristomenes immer noch.

Eine französische Expedition

Wenn ich an das antike Messene denke, fühlt sich mein Geist zu lebhafter Sympathie für das Heldentum und die Beharrlichkeit seines Volkes hingerissen.
Abel Blouet

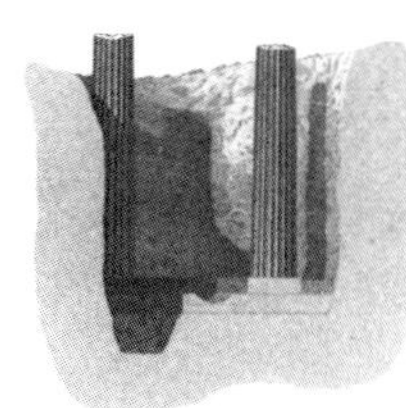

Unter neun Metern Schwemmerde war Messene verschüttet.

Im Gefolge der Truppen, die die französische Regierung schickte, um den Griechen im Kampf gegen die Türkenherrschaft zu helfen, gelangte im Frühjahr 1828 eine Handvoll Wissenschaftler nach Messene. Diese Franzosen bildeten die erste Expedition, die ausdrücklich ausgeschickt worden war, um Architektur, Skulpturen und Inschriften des Peloponnes, der Kykladen und Attikas zu erforschen. Sie verbrachten einen Monat vor

Ort und wohnten in dem kleinen Dorf Mavromati oberhalb der antiken Stadt.

„Nicht ohne Bedauern verließen wir diesen schönen Aufenthaltsort und unsere Gastgeber“, resümiert Expeditionsleiter Abel Blouet in seinem Bericht, der in Paris im Jahr 1831 veröffentlicht wird. Seine Mitarbeiter und er seien im besten Haus des Dorfes untergebracht gewesen – freilich dennoch nur eine ärmliche Strohhütte – von wo aus sie am Ende jeden Tages „dem bezaubernden Schauspiel“ zugesehen hätten, „wie die Sonne hinter den Bergen am Horizont und über der prächtigen Pflanzenwelt des messenischen Tales unterging.“ So seien sie beinahe selbst zu Dorfbewohnern geworden, deren „großzügige Gastfreundlichkeit sowie einfache und unschuldige Lebensweisen“ sie erinnert hätten „an die schönen Zeiten des Landlebens, die in der Dichtung als Goldenes Zeitalter bezeichnet werden.“

Oben: So fand Blouet den Sportbezirk vor. Unten Stadion und Gymnasion 176 Jahre später.

Der Architekt Guillaume Abel Blouet und seine Mitarbeiter Amable Ravoisié, Achille Poirot, Félix Trézel und Frédéric de Gournay werden meist reichlich müde dem Sonnenuntergang zugesehen haben, verbrachten sie doch die Tage mit der weniger romantischen als schweißtreibenden Erforschung der antiken Stadt Messene. Diese hatte im vierten Jahrhundert n. Chr. an Bedeutung verloren, war nach und nach verlassen und später, abgesehen von einer byzantinischen Siedlung, nicht wieder aufgebaut worden. Seitdem hatten angeschwemmte Erde und üppige Mittelmeervegetation die Überreste der Stadt nahezu vollständig und bis zu neun Meter tief unter sich versteckt. In der ausgedehnten Ebene, die Schäfer mit ihren Herden durchzogen, deuteten Anfang des 19. Jahrhunderts nur hie und da aus der Erde ragende Säulenstümpfe und vereinzelte eingestürzte Mauern auf die Schätze hin, die dort im Verborgenen liegen mussten.

Am deutlichsten zu erkennen für die frühen Forscher war das Stadion. Blouet bemerkt dazu, es sei offensichtlich so angelegt worden, dass es den Gegebenheiten der Landschaft in diesem unteren Teil der Stadt folgte. So bildeten die Hügel, die es an drei Seiten umgaben, auf natürliche Weise die Böschungen für die Zuschauerränge. Die Franzosen stellen fest, dass das Stadion von Säulengängen umgeben gewesen sein muss und vermuten, dass man einen Teil des von der Klepsydra-Quelle kommenden Wassers in einer steinernen Rinne um das Stadion herumgeleitet hat, um die Umgebung zu kühlen. Abel Blouet und seine Mitarbeiter fertigen etliche romantische Ansichten an. Sie dokumentieren aber auch die jeweilige Fundsituation und erarbeiten Grundrisse und Schnitte durch die Bauwerke, die diese – mit großer Vorstellungskraft, aber immer gestützt auf ihre Funde, Untersuchungen und Vermessungen – vor ihrem geistigen Auge wieder entstehen lassen.

Am unteren Ende des Stadions, auf einem von den Stadtmauern eingefassten Plateau, entdecken die französischen Forscher ein „antikes Monument", über dessen Entstehungszeit und Bedeutung sie sich nicht schlüssig werden. Die zu Tage kommenden Säulenfragmente deuten ihnen auf eine Verwandtschaft mit der „dorischen Ordnung der Römer" hin, „obwohl sie uns griechisch erscheinen und von großer Eleganz im Detail." Sie finden die Fundamente und rekonstruieren daraus Grundriss und Aufbau des Monuments, können aber nicht mit Sicherheit entscheiden, ob sie auf einen Tempel oder ein Grabmal gestoßen sind.

Als Blouet und seine Mitarbeiter dann in den Ruinen ein Steinfragment mit den Buchstaben ΑΡΙΩΝ ΧΑ entdecken, glauben sie, dem Geheimnis auf der Spur zu sein. Sie ergänzen die Inschrift zunächst zu ΑΡΙΩΝ ΧΑΙΡΕ, zu übersetzen mit „Sei gegrüßt, Arion", und haben damit eine Formulierung gefunden, die oft an Grabmalen angebracht ist. Als nächstes fragen sich die Franzosen, wer nun dieser Arion gewesen sein

Links: Wie Blouet eine Bastion vorfand. Rechts: Wie er sich das Arkadische Tor vorstellte.

könnte, stoßen auf einen zu seiner Zeit berühmten Musiker dieses Namens, sind letztlich aber nicht überzeugt, weil sie keinerlei Beweise finden und weil schließlich auch Pausanias dessen Grabmal bei seinem Besuch in Messene nicht erwähnt hat. Allerdings, so folgert Blouet, hat der Reiseschriftsteller das Grab des für Messene äußerst wichtigen, zum Gott erhobenen Helden

Aristomenes in der Stadt gesehen und beschrieben. So sei es doch wahrscheinlich, dass jener an so prominenter Stelle begraben liege und man in römischer Zeit auf dem Grabmal einen Tempel errichtet habe. Die Inschrift könne in diesem Fall bedeuten, dass Arion, Sohn des Xa..., der Erbauer des Tempels gewesen sei ...

Auf dem weitläufigen Gelände der Stadt findet Blouet mit seinen Mitarbeitern viele weitere Überreste antiker Bauwerke. Alle sind sie zu sehr zerstört, als dass es sich die Expeditionsmitglieder zutrauen würden, ihnen eine bestimmte Funktion zuzuschreiben oder sie gar auf dem Papier wieder aufzubauen. Bestimmte Architekturdetails, insbesondere ionische und korinthische Säulenkapitelle, die sie, offensichtlich wiederverwendet, in den Mauern einer byzantinischen Kapelle finden, erscheinen den Franzosen dennoch so bedeutsam, dass sie in dem Expeditionsbericht sehr detailliert gezeichnet und beschrieben werden. Das gilt auch für ein Steinrelief, eine Löwenjagd darstellend, das Blouet „auf Befehl der französischen Regierung" nach Paris mitnimmt und das heute noch im Louvre ausgestellt wird.

Als er seine Aufmerksamkeit den Stadtmauern zuwendet, ist der französische Expeditionsleiter äußerst beeindruckt. „Diese bewundernswerte Konstruktion, die so vielen Jahrhunderten standgehalten hat, gibt einen perfekten Eindruck der Festungsbauwerke der alten Griechen und beschreibt besser als jeder Kommentar, was Vitruv über den Bau von Stadtmauern gesagt hat", merkt er an. Angesichts der monumentalen Befestigungen mit ihren Wehrtürmen könne man sich ausmalen, schreibt Blouet, wie ernst Stadtgründer und Heerführer Epaminondas die Sicherheit der Messenier nahm, die er in ihre Heimat zurückgeführt hatte.

Den Leser seines Expeditionsberichts nimmt Blouet mit auf einen Rundgang entlang der etwa neun Kilometer langen und damals ähnlich wie heute weithin sichtbaren und schon aus der Entfernung beeindruckenden Stadtmauer. Er beschreibt und zeichnet die auch zu seiner Zeit schon spärlichen Überreste des nach Sparta weisenden Tores, das heute „Lakonisches Tor" genannt wird, und er untersucht mit seinen Mitarbeitern den Aufbau etlicher Türme im Mauerring.

Für den Schluss seines Berichts hebt er sich das Haupttor der Stadtmauer auf, an dessen äußerem Durchgang die Straße zum arkadischen Megalopolis begann, weshalb es als „Arkadisches Tor" bekannt ist. Blouet zeigt sich tief beeindruckt von den Überresten dieser monumentalen Anlage. Ein äußeres und ein inneres Tor, eingebunden in einen kreisrunden Bau von 20 Metern Durchmesser und flankiert von zwei Türmen rechts und links des äußeren Durchgangs musste jeder Besucher passieren, der auf diesem Wege in die Stadt wollte.

Genau untersucht und vermessen wird von den Franzosen auch der gewaltige Felsblock, der offensichtlich als Türsturz des inneren Tores gedacht war. Er ist laut Blouet 5,73 Meter lang, 1,12 Meter hoch und 1,16 Meter tief und lag auch zu Zeiten der französischen Expedition an der selben Stelle wie heute. Blouet widerspricht heftig der Ansicht zweier früherer Messene-Besucher und Amateur-Forschungsreisender, dass dieser Durchgang aus einem großen und einem kleineren Tor bestanden habe. Warum, so fragt er, sollte man einen derart monumentalen Türsturz gewählt haben, wenn er von der Konstruktion her gar nicht erforderlich gewesen wäre. „Unsere Zeichnungen lassen erkennen, wie dieses Tor ausgesehen haben könnte", schließt Blouet seinen Bericht, und er fügt hinzu, dass er es für das „vermutlich schönste Tor in ganz Griechenland" hält.

Auch aus heutiger Sicht haben die Franzosen vor nun schon fast 200 Jahren Erstaunliches geleistet. Darüber sind sich alle Wissenschaftler einig, die zur Zeit in Messene forschen. Insbesondere Blouets Lagepläne werden immer noch herangezogen und haben bisher allen modernen Messmethoden standgehalten. Den Respekt vor seiner Arbeit schmälert es da auch nicht, wenn wir heute wissen, dass er einige Details falsch interpretiert hat und dass das „antike Monument" südlich des Stadions doch nicht dem Lokalhelden Aristomenes gewidmet war (siehe Kapitel „Die Stätte" – Coopers Puzzle).

Der Chef-Ausgräber

Gewöhnlich veranstaltet man Ausgrabungen an solchen Stellen, welche die Aussicht auf Althertümer versprechen.
Heinrich Schliemann

Das Handy klingelt. „Wir haben eine neue Inschrift entdeckt", freut sich die Anruferin, die junge griechische Archäologin Elisa Siubara, die an diesem heißen Augustvormittag im Asklepion arbeitet.

Petros Themelis, Professor der Klassischen Archäologie an der Universität von Kreta in Rethymnon und seit 1986 Leiter der Ausgrabungen in

Messene, leert schnell noch einen Becher mit kühlem Wasser, um den er gerade ein paar Studenten gebeten hatte, dann eilt er zu seinem Auto und mit diesem quer durchs Gelände der antiken Stadt, der ersten Überraschung des Tages entgegen. Die erwartet ihn, gemeinsam mit Elisa Siubara, an der fragmentarisch wieder entstehenden Eingangsseite zum Bouleuterion, dem antiken messenischen Rathaus.

Zweizeilig erscheint dort auf einem Steinquader eine Inschrift, die aber im grellen Sonnenlicht kaum zu erkennen ist. Auch Themelis versucht sein Glück, entziffert hier ein Omega und da ein Gamma, doch dann empfiehlt er, das Objekt erst einmal gründlich zu reinigen. "Jahrelang hatten wir diesen Mauerstein bereits vor Augen, doch diese Inschrift war bisher niemandem aufgefallen", kommentiert Themelis die unerwartete Entdeckung.

Und schon muss er wieder weiter, denn per Handy wird seine Anwesenheit bereits von einer anderen Grabungstruppe angefordert. Mit seinem französischen PKW, der auf Asphaltstraßen besser aufgehoben wäre als im unebenen Gelände des antiken Messene, hoppelt er zu einer Gruppe, die am **Zeus-Soter**-Tempel einem Brunnenschacht auf den Grund gehen will. Gut zwei Meter hat sich das Team nun schon in die Tiefe vorgearbeitet, aber noch ist kein Ende des Brunnens in Sicht. Scherben von vermutlich mehr als 70 Amphoren haben die Archäologen schon ausgebuddelt, und verhalten stöhnt nicht nur der Arbeiter, der im engen Brunnenschacht steckt. Zu viert bergen junge Archäologen und Archäologinnen die unzähligen Scherben, säubern sie provisorisch von der schweren roten Erde und sammeln sie in großen Korbtaschen, während ein weiterer Helfer den Aushub ein paar Meter entfernt zu einem beachtlichen Hügel türmt. „Warum dieser Schacht voller Scherben steckt, kann ich mir im Moment nicht denken. Aber vermutlich werden wir auch für diesen überraschenden Fund eines Tages eine Erklärung finden. Ihr werdet wohl einfach weitermachen müssen, bis ihr auf den Grund des Brunnens kommt", bescheidet Themelis den schwitzenden und auf pro-

Zeus Soter

Der griechische Göttervater Zeus hat viele Beinamen und Titel. Als Zeus Gamelis wurde er um glückliche Heirat angefleht, als Zeus Eleftherios als Beschützer der Freiheit angebetet, als Zeus Xenios um Gastfreundschaft ersucht. In der Gestalt des Zeus Soter stand er den Gläubigen schlicht als Retter aus jeder Notlage vor Augen.

Im Zeus-Tempel werden Gesetzestafeln gefunden.

Narthex

Westliche Vorhalle der frühchristlichen und byzantinischen Kirchen. Üblicherweise erstreckte sich der Narthex über die gesamte Westfront der Kirche, vom Kirchenschiff entweder nur durch eine Säulenreihe getrennt, oder als eigener Vorbau mit Säulen oder Arkaden ausgeführt. Dort versammelten sich Büßer und Gläubige, die keinen Zutritt zum Hauptteil der Kirche hatten.

fessoralen Zuspruch hoffenden Trupp, dann ist er auch schon wieder weg. Jetzt steuert er die Gruppe um die Byzantinistin Vassiliki Penna an, die mit einigen ihrer Studenten aus Kalamata in diesem Sommer des Jahres 2004 den **Narthex** eines byzantinischen Gotteshauses freilegt. Damit befindet

Hippodamos von Milet

dürfte am Ende des 6. Jahrhunderts v. Chr. geboren worden sein und lebte vermutlich auch in seiner Heimatstadt, als diese 494 v. Chr. von den Persern eingenommen und zerstört wurde. Es verschlug ihn in den Orient, er lernte und arbeitete mehr als ein Jahrzehnt am Tigris und machte Bekanntschaft mit dem von Pythagoras begründeten Kanon idealisierter und harmonisierter Formen in Mathematik, Musik und Philosophie. Sein Name steht noch heute für seine Ideen der einheitlichen Stadtplanungen und der baulichen Gliederung der Städte.

Aristoteles charakterisiert ihn als einen „Mann, der auch sonst in seinem Leben aus Ehrgeiz viel Übertreibung an den Tag legte, so dass er manchen einen geckenhaften Eindruck machte mit seiner Haarfülle und den kostbaren Schmucksachen bei einer zwar einfachen, aber nicht nur im Winter, sondern auch in Sommerzeiten warmen Kleidung.“ Hippodamos, so schreibt Aristoteles weiter, sei der erste gewesen, der, ohne Staatsmann zu sein, es unternahm, sich über die beste Staatsverfassung auszusprechen. Dementsprechend wollte er die Bürgerschaft in drei Stände teilen: Handwerker, Bauern und Waffenführende; das Land in drei Teile: Tempel-, Staats- und Privatland; das Gesetz in drei Bereiche: Beschimpfung, Beschädigung, Totschlag.

Mehr Beachtung als Hippodamos’ Sozialmodell fanden allerdings seine städtebaulichen Ideen. Messene ist ein klassisches Beispiel für das „hippodamische Prinzip“ und somit für die normierte Ordnung von Grundstücken, Häusern und Straßen. Dieses noch über Jahrhunderte weitergetragene Stadtbaukonzept wurde unter anderem beim Wiederaufbau seiner Heimatstadt Milet verwirklicht, bei der Anlage der Hafenstadt Piräus, in Messene, Olynth in Nordgriechenland, Rhodos, Abdera in Thrakien und Priene in Kleinasien.

sie sich, zeitlich und metermäßig gesehen, in einer viel späteren Ebene als die Kollegen am Zeus-Soter-Tempel. Sie interessiert sich für die frühchristliche Siedlung und deren Kirchen, die, zum Teil unter Wiederverwendung alten Baumaterials, auf den Ruinen des antiken Messene errichtet worden waren. Gerade jetzt hat Vassiliki Penna für ihren langjährigen Freund und Kollegen als Überraschung eine Tasse Kaffee parat, heiß aus der Thermoskanne und an diesem hitzeflirrenden Vormittag ein willkommenes Lebenselixier.

Im doppelten Schatten eines Ölbaumes und eines Sonnenschirms gönnt sich Petros Themelis bei dieser Tasse Kaffee eine kleine Verschnaufpause, bevor er weiter durch „seine" Stadt streift und den Fortgang der Grabungs- und Wiederaufbauarbeiten beobachtet. Seit 1986 leitet er die Grabungen in Messene und ist somit dafür verantwortlich, dass diese einst schönste Metropole hellenistischer Zeit langsam wieder Gestalt annimmt. „Als wir anfingen zu graben, war tatsächlich nur ein Teil des Tempels im Asklepion sichtbar. Die Franzosen, die vor rund 150 Jahren hier nach Altertümern suchten, hatten noch wesentlich mehr Überreste der alten Bauwerke vor sich als wir Mitte der 80er Jahre", erklärt Themelis und fährt fort: „Das liegt daran, dass zu deren Zeit hier im Lande noch die Türken herrschten und viele Felder brach lagen. Erst mit der Unabhängigkeit der Griechen wurde wieder Ackerbau betrieben, und so haben die Pflüge nach und nach alles weggenommen, was an der Oberfläche oder nur knapp darunter verborgen war. Als mich die Griechische Archäologische Gesellschaft vor achtzehn Jahren hierher schickte, war also nicht abzusehen, dass wir auf die Relikte einer ganzen Stadt stoßen würden. Dementsprechend bescheiden waren anfangs auch die finanziellen Mittel. Doch mit den Jahren entwickelte sich Messene zum größten griechischen Grabungsprojekt, wird in einem Atemzug genannt mit Olympia, Delphi und dem Palast Philipps II. in Saloniki. Inzwischen zahlt die Europäische Union 75 Prozent für die Restauration der Gebäude und die Wiederherstellung der Kunstschätze, der Rest kommt vom griechischen Staat."

Noch bis zum Jahr 2006 läuft das derzeitige, das dritte Grabungsprogramm, doch Themelis hofft, dass es danach auch noch ein viertes geben wird. Schließlich habe man bis jetzt ja „nur" an den öffentlichen Gebäuden Messenes gearbeitet. Für die Zukunft sei daran gedacht, sich auch die Wohnviertel der Stadt vorzunehmen und beispielsweise einige Bürgerhäuser exemplarisch wiederaufzubauen.

„Besonders im Süden müssen reiche Privathäuser gestanden haben", erklärt der Professor und deutet auf ein weites Areal, auf dem Olivenhai-

Grube ist nicht gleich Grube.
Petros Themelis diskutiert mit seinen Mitarbeitern.

ne mit weinbestandenen Feldern abwechseln und für den Laien nichts darauf hinweist, dass darunter antike Gemäuer verborgen liegen. Petros Themelis freilich sieht die antike Stadt lebhaft vor sich. Nicht nur seine Phantasie verhilft ihm dazu, sondern gewiss auch die Erfahrung eines ausgefüllten Archäologen-Lebens. Geboren und aufgewachsen in Thessaloniki, wollte er es ursprünglich seinem Vater gleichtun und Philologe werden. Doch im Laufe des Studiums, das laut Themelis damals fächerübergreifender war als heute, erhielt er die Chance, an den Ausgrabungen des Vergina-Palastes teilzunehmen. „Das war ja der Palast der Hauptstadt des makedonischen Königreichs, und ich war begeistert ...", erinnert er sich. Von da an stand die Philologie nicht mehr an erster Stelle, war die künftige berufliche Laufbahn vorgezeichnet. Während seiner weiteren Studienzeit hat Petros Themelis ständig an Ausgrabungen in Makedonien teilgenommen, nach dem Diplom erhielt er gleich eine Anstellung im Museum in Thessaloniki. 1963 schickte ihn der Griechische Archäologische Dienst als Kurator für Prähistorische und Klassische Antiquitäten nach Olympia, wo zu jener Zeit der Münchner Professor Emil Kunze die Ausgrabungen leitete. Diesem Kontakt verdankt Themelis nicht nur seine Deutschkenntnisse, sondern auch die Möglichkeit, in München seine Doktorarbeit über „Frühgriechische Grabbauten" zu schreiben. Zuvor allerdings war der junge Wissenschaftler auf ganz anderem Gebiet erfolgreich. Er heiratete und wurde 1968 Vater eines Sohnes, Dimitris.

Nach dem Stipendium und der Dissertation in München wieder zurück in Griechenland, ernannte man ihn 1973 zum Direktor des Museums in Delphi. Sieben Jahre blieb er dort und verfolgte so auch die Ausgrabungen des Franzosen Pierre Amandry. Vier Jahre verbrachte Petros Themelis danach in Athen als Direktor der Abteilung „Paläoanthropologie und Höhlenforschung“ des Griechischen Archäologischen Dienstes, bevor er 1984 zum Professor für Klassische Archäologie in Rethymnon, der Universität auf Kreta, ernannt wurde.

Der Grabungsleiter rückt einen Inschriftenstein ins rechte Licht.

„Messene war von Anfang an eine Grabung der Griechischen Archäologischen Gesellschaft in Athen, deren Mitglied ich bin“, kommt Themelis zu dem Punkt in seinem Lebenslauf, an dem ihm sozusagen sein zweites Kind geboren wurde. Denn die Gesellschaft schickte ihn 1985 zum ersten Mal nach Messene und machte ihn ein Jahr später zum Direktor des „Messene Research Project“. Beinahe 20 Jahre sind seitdem vergangen, in keinem blieb er den Ausgrabungen der einstigen Hauptstadt Messenes fern. So kann der Archäologieprofessor die Besucher heute mit väterlichem Stolz durch eine mehr als 2000 Jahre alte Stadt führen, die beständig wiederentdeckt und wiederaufgebaut wird. Dass in der heutigen Zeit schwere Baumaschinen dabei mithelfen, tonnenschwere Säulen und Steinblöcke zu bergen und wieder an ihre Originalplätze zu hieven, lässt nur umso erstaunlicher erscheinen, wie die antiken Stadtväter ursprünglich ihr Schmuckstück in Rekordgeschwindigkeit aus dem Nichts geschaffen haben.

„Messene war ja, anders als etwa Olympia oder Delphi, nicht nur ein Heiligtum oder eine Kultstätte, sondern eine komplette Stadt, und eine Musterstadt noch dazu“, betont Themelis und erläutert, sie sei „nach dem hippodamischen System“ gebaut worden. Dies bedeute, dass man bei der Anlage der Stadt die Idee der Athenischen Demokratie verwirklichen wollte und deshalb den Prinzipien des Architekten Hippodamos von Milet folgte, der im fünften vorchristlichen Jahrhundert Städte auf dem Reißbrett entwarf und Ordnung und Regelmäßigkeit in die Stadtplanung brachte. So sei Messene, wie zum Beispiel auch Piräus und Rhodos und später alle alexandrischen Städte, von einem von Anfang an geplanten Straßennetz durchzogen gewesen, innerhalb dessen den Privathäusern annähernd gleich große Flächen zur Verfügung gestellt wurden. Nach Plan sei man auch bei der Reihenfolge der Bauarbeiten vorgegangen, weiß Themelis. Absolute Priorität habe der Bau der schützenden Mauer gehabt, danach seien die Agora, also das Marktviertel, das Theater als kultureller Mittelpunkt, das Asklepion mit Tempeln und Verwaltungsgebäuden und schließlich Stadion und Gymnasion Schritt für Schritt erstellt worden.

Sehr schnell sei Messene eine sehr reiche Handelsstadt geworden – ihre Bürger hatten ja auch allerhand Wohlstand aus den verschiedenen Kolonien ins Mutterland heimgebracht – mit Verbindung zu drei wichtigen Häfen. Über Kyparissia und Pylos an der Westküste knüpften und hielten sie Verbindung mit Italien. „Zu ihren westlichen Nachbarn haben die Messenier stets gute Beziehungen unterhalten", weiß Themelis, von den eigenen Landsleuten im Osten dagegen habe man sich eher abgeschottet. Unvergessen blieb die alte Feindschaft mit Sparta, deretwegen die Stadt ja auch im Schutze des Berges Ithome gegründet worden war. Kalamata, zu jener Zeit nur ein unbedeutendes kleines Städtchen, ermöglichte mit dem Hafen Pharai dennoch den Handel mit griechischen Städten und Kolonien auf den ägäischen Inseln und in Kleinasien.

Damals wie auch heute noch dürfte Olivenöl eines der wichtigsten Exportgüter der Gegend gewesen sein, doch die „Kornkammer" Messenien gründete ihren Reichtum auch auf Getreideanbau und -ausfuhr. Auch Holz von den umliegenden Hängen, stets wichtig für den Bau und Erhalt der Handels- wie auch der Kriegsflotte, dürfte von Messene zu den Häfen und von da aus weitertransportiert worden sein. „Wir haben auch Anhaltspunkte dafür, dass Messene ein Zentrum der Pferdezucht war", ergänzt Themelis. Importiert wurden erstaunlich vielfältige Waren, wie damals überall in der griechischen Welt. Sowohl Edelmetalle als auch exotische Pelze, aber auch Sklaven aus allen Regionen Europas und Asiens erreichten auf dem Seeweg den Peloponnes.

„Die Stadt war kolossal groß", betont Themelis und hält eine Einwohnerzahl von 30 000 nicht für unwahrscheinlich. Zudem war innerhalb des mehr als neun Kilometer langen Mauerrings auch Platz für die Einwohner der umliegenden Dörfer, wenn mal wieder eine feindliche Auseinandersetzung anstand. Und davon gab es, auch das ist gut belegt, mehr als genug, so dass sich in Messenes Straßen nicht selten mehr Frauen, Kinder und Sklaven aufhielten als wehrfähige Männer. Dennoch scheinen die Messenier, zumindest zur Blütezeit ihrer Stadt, das Leben eher von seiner schönen Seite betrachtet zu haben. Ihren Reichtum stellten sie stolz zur Schau, zum Beispiel in den Säulenhallen des Asklepions, die mit Bronzestatuen „fast bis zum Ersticken", so Themelis, geschmückt waren. Oder auch in dem Brunnenhaus der Arsinoe neben der Nordstoa auf der Agora, das nur in zweiter Linie der Wasserversorgung der Stadt diente. In erster Linie war es wohl ein Repräsentationsbau im ägyptischen Stil, einmalig in seiner Art zumindest auf griechischem Boden. Gern führt Themelis im Sommer 2004 seine Besucher dorthin, denn immer mehr Teile der Südfassade werden zur Zeit wieder an ihren ursprünglichen Platz gehievt. Was wiederum bewirkt, dass die Konturen dieses gewaltigen Bauwerks immer deutlicher zu erkennen sind.

So ist alles ständig in Veränderung in Messene, immer im Hinblick auf den Wiederaufbau der Stadt. „Es wäre schön, wenn die Besucher einen möglichst lebendigen Eindruck vom Leben der Messenier gewinnen könnten", betont Petros Themelis und ergänzt, dass er auch ganz konkret zumindest zeitweise wieder Leben in die Stadt bringen will. Schon in zwei Jahren, so kann er sich vorstellen, soll es gelegentlich Veranstaltungen im Stadion von Messene geben: „Theater, Oper, vieles ist denkbar!" Dass das ganz wunderbar funktionieren könne, zeige sich beispielsweise in Epidaurus mit den alljährlichen Sommerfestspielen. In diesem Sinne möchte auch Themelis „den alten Bauten eine neue Funktion geben", die freilich zu deren ursprünglicher Bestimmung passen müsse. Parallel zum Fortgang der Grabungen dürfe man es daher nicht versäumen, Messene auch immer mehr auf die zu erwartenden Besucher vorzubereiten. Nach und nach erhalten die einzelnen Gebäudekomplexe Tafeln mit Erklärungen in griechisch und englisch. Eine Umzäunung des Geländes wird auch nicht mehr lange auf sich warten lassen, außerdem wird es bald ein Café im Eingangsbereich geben, Toiletten natürlich auch. Bei all diesen Bemühungen, die Sehenswürdigkeiten der antiken Hauptstadt einer breiten Öffentlichkeit zugänglich zu machen, ist es Themelis ein fundamentales Anliegen, behutsam vorzugehen. Die rasante Verwandlung so mancher Dörfer im Umkreis archäologischer Stätten zu Zentren des Andenkenhandels und der gastronomischen Schnellabfertigung möchte er für Mavromati unbedingt verhindern. „So lange meine Kraft es zulässt", will Themelis sich deshalb auch künftig für „sein" Messene einsetzen, betont er.

Eine halbe Stunde nach dem Gespräch sitzt er gemeinsam mit von Sonne, Wind und Grabungen erschöpften Studentinnen und Studenten am Mittagstisch. Das kleine bisschen Müdigkeit, das er jetzt verspürt, wird er gleich durch eine kurze Siesta abschütteln, und danach wird man ihn wieder im Grabungshaus antreffen können, wo er im Kreise seiner Mitarbeiter die Funde und Erkenntnisse des Tages sortiert und bewertet, bis die Sonne untergeht.

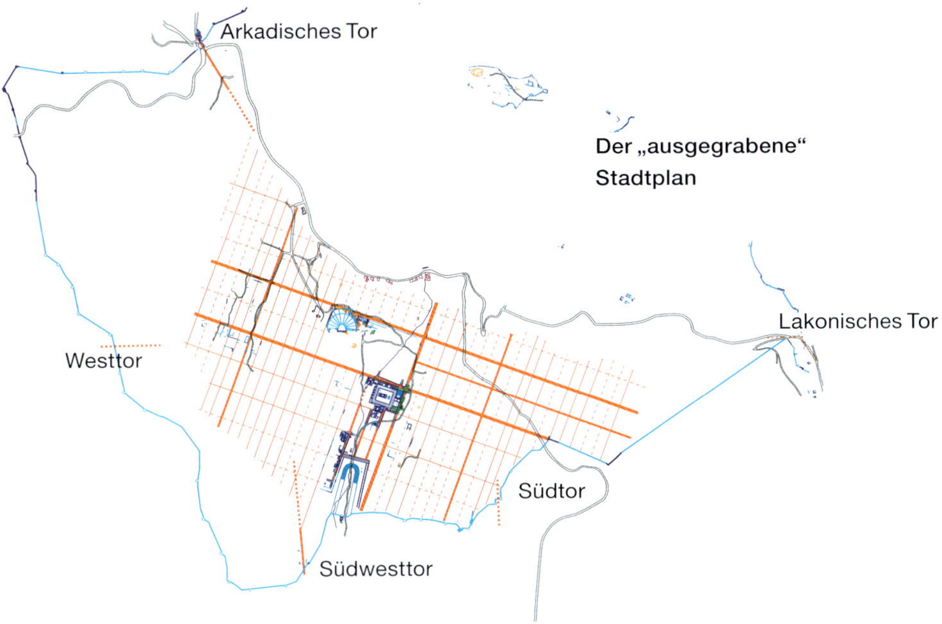

Der Stadtplan

Wie? Metropole? Sie muss zunächst eine Stadt sein, und dann erst kann Metropole sie sein. Ist sie denn heute schon Stadt?
Ammianos

Mit dem Stadtgründer Epaminondas und seinen Architekten würde die deutsche Archäologin Silke Mueth liebend gerne durch die Straßen Messenes laufen, um vor Ort ein paar Fragen zu klären. Sie würde die Herren beim Arkadischen Tor treffen und mit ihnen auf antikem Kalksteinpflaster hügelab in die Stadt hinein wandern, der Straße entlang, der schon Pausanias bei seinem Besuch gefolgt war. Warum, so würde sie den Feldherrn und seine Stadtplaner beim Lokaltermin als erstes fragen, habt ihr diese vom wichtigsten Tor kommende Prachtstraße nicht so angelegt, dass sie im rechten Winkel auf das Netz der innerstädtischen Straßen trifft?

Mit ihrer Begleitung würde sie dann die Ruinen des einstigen Südwesttores ansteuern, dem geraden Verlauf der Straßen und Wege durch die Stadt folgend und an den Kreuzungen öfter mal rechtwinklig abbiegend, bis sie südlich des Stadions auf die vom Tor kommende Straße stoßen würde. Und an dieser Kreuzung würde sie ihre Frage wiederholen, denn hier wiederholt sich auch die für Messene typische Situation, dass die Torstraße nicht zum regelmäßigen geometrischen Straßensystem passt. Folgte die Gruppe danach dem Weg in nördlicher Richtung bergauf zum Lakonischen Tor, so würde sie merken, dass auch diese Verbindung zur Innenstadt das rechtwinklige Straßennetz nicht in gerader Linie oder in einem 90-Grad-Winkel getroffen haben kann.

Als Silke Mueth, die sich im Hinblick auf ihre Dissertation seit vier Jahren mit „Topographie, Stadtplan und städtebaulicher Entwicklung" Messenes auseinandersetzt, im Sommer 2004 schließlich Überreste eines vierten Stadttores entdeckte, hatte sie es fast schon erwartet: Auch die von dort kommende Straße läuft in spitzem Winkel auf die nächstliegende innerstädtische Nord-Süd-Verbindung zu. Diese Eigenart teilt Messene mit keiner vergleichbaren antiken Stadt. Sie verwundert umso mehr, als man weiß, dass Messene nicht zufällig nach und nach aus einem Dorf erwuchs, sondern akribisch geplant war. Rund 2400 Jahre nachdem Epaminondas den Messeniern in der alten Heimat eine neue Hauptstadt gegründet hat, kann man von ihm freilich keine direkten Antworten mehr erwarten. Man weiß aber – und sieht es im Übrigen noch heute an der beeindruckenden Monumentalität der Mauer – dass für den Heerführer und Stadtgründer die Sicherheit der Bevölkerung oberstes Gebot war. In unglaublicher Geschwindigkeit und mit fast unvorstellbarem Arbeitsaufwand ließ er die Stadtmauer errichten. Sie ist fast neun-

Ein Traumplatz für eine Traumstadt. Messene vom Ithome aus gesehen. Im Vordergrund das Asklepion, im Hintergrund Stadion und Gymnasion.

einhalb Kilometer lang, folgt den Geländekuppen und der Schlucht im Süden und ist somit entlang der besten Verteidigungslinie gebaut worden. Die Archäologen zählen sie deswegen zu dem im 4. Jahrhundert v. Chr. entwickelten Typus der „Geländemauer“, die im Gegensatz zur reinen Stadtmauer auch Rückzugsflächen für außerhalb lebende Bauern und Felder zur Versorgung der Bewohner einschließt und nicht nur das reine Baugebiet umfasst. Man habe es wohl schlicht für wichtiger erachtet, die Tore an die strategisch günstigsten Stellen zu setzen, als die Ausfallstraßen mit den Wegen im Stadtgebiet in Einklang zu denken und zu bringen, zieht Silke Mueth nun ohne Rücksprache mit Epaminondas ihre Schlüsse.

Was das Straßennetz Messenes angeht, ist die Forscherin nach den Untersuchungen von vier Sommern allerdings nicht mehr auf Vermutungen angewiesen. Mit Hilfe geomagnetischer Untersuchungen kam sie, in Zusammenarbeit mit Dr. Harald Stümpel vom Institut für Geowissenschaften und Geophysik der Universität Kiel, zu beachtlichen Ergebnissen. Die Archäologin der Freien Universität Berlin und der Geowissenschaftler stellten fest, dass es in Messene ein Straßennetz gibt mit so genannten Nord-Süd-Achsen – die in Wirklichkeit um 20 Grad von Nord abweichen – und dazu rechtwinklig verlaufenden Ost-West-Achsen. Dieses Grundprinzip ließ sich schon nach den ersten Ausgrabungen im Stadtzentrum erahnen. Auch den Verlauf heutiger Feldwege konnte man als Indiz dafür verwenden, dass so oder so ähnlich schon zwei-, dreihundert Jahre v. Chr. die Messenier durch ihre Stadt gelaufen waren. Und vom Gipfel des Ithome aus erkennt man eine schachbrettartige Anlage der Felder, was einen weiteren Hinweis darauf ergab, dass Messene tatsächlich eine geplant angelegte Stadt mit einem Netz von Parallelstraßen gewesen sein könnte.

Doch Vermutungen und Indizien allein sind nie gut genug für die Wissenschaft. Gegen Ende des 20. Jahrhunderts müssen die Archäologen allerdings nicht immer mit Schaufeln und Schubkarre antreten, wenn sie in die Vergangenheit „reisen“ wollen, und so kam das Magnetometer nach Messene. Gewiss hatte der eigentliche Projektleiter, Professor Wolfram Hoepfner von der Freien Universität Berlin, keine schlechten Hintergedanken, als er die Untersuchungen von Anfang an an seine Doktorandin abgab. Trotzdem musste die junge Akademikerin bald vor Ort feststellen, dass auch der Einsatz moderner Technik äußerst schweißtreibend sein kann und nicht in jedem Fall mit bequemer Schreibtischarbeit gleichzusetzen ist. Das Magnetometer besteht aus fünf Messgeräten, die in jeweils 40 Zentimeter Abstand auf einer hölzernen Halterung angebracht sind. Diese fünf Sensoren messen das magnetische Feld unter der Erde (genauer gesagt, die vertikale Komponente des magnetischen Feldes), wobei die verschieden starken Ausschläge Rückschlüsse zulassen über die Zusammensetzung des Untergrunds. Sucht man nun, wie das Team Stümpel/Mueth, nach Straßen, deren Belag aus tönernen Scherben, Ziegelschutt und Tonsplittern bestanden haben, wird man hellhörig bei Ausschlägen mit einer bestimmten hohen, annähernd gleichbleibenden Amplitude.

Die prachtvollen Propyläen zum Sportbezirk, von japanischen Wissenschaftlern wieder aufgerichtet.

Soweit die Theorie. Um den Verlauf von Straßen in der Praxis mit dem Magnetometer bestimmen zu können, heißt das, dass man mit diesem unhandlichen Gerät systematisch und geradlinig durch das Gelände ziehen muss. „Zwei Personen tragen das Messinstrument an vorher ausgelegten Maßbändern entlang, während die Messwerte ungefähr alle fünf Zentimeter digital registriert werden“, beschreibt Silke Mueth im Groben die Methode. „Wir mussten schnell erkennen, dass das Gelände in Messene den Einsatz des Magnetometers ziemlich schwierig macht“, räumt die Projektleiterin ein. „Die Felder sind relativ klein und terrassiert, und schon ein harmloser Feigen- oder Olivenbaum bedeutet da ein lästiges Hindernis, dessentwegen man eine Messlinie nicht zu Ende führen kann. In noch ungünstigeren Fällen weiden Schafherden oder sprichwörtlich sture Esel in den Feldern, die sich von unseren Bemühungen überhaupt nicht beeindrucken oder gar vertreiben lassen. Und in dem sehr seltenen Fall, dass wir auf ein Feld ohne all diese Hindernisse stoßen, können wir mit Sicherheit davon ausgehen, dass uns dort hohe Disteln Arme und Beine zerkratzen.“ Lachend erinnert sich Silke Mueth im Nachhinein auch an die aufmerksame griechische Bäuerin, die dem Team, das mal schnell im Schatten verschnaufte, die gerade zuvor sorgfältig ausgelegten Maßbänder hinterhertrug ...

Zunächst konzentrieren sich die geomagnetischen Untersuchungen auf das Gelände westlich des Stadtzentrums, das um das Jahr 2000 komplett unter Olivenhainen, Feldern mit Feigen und Wein und unbebauten, „wild“ bewachsenen Flächen versteckt liegt. So beschreibt die Projektleiterin die Arbeit in diesem Gebiet auch als ein Puzzle, bei dem viele Teile fehlten. „Weil aber die Stadt auf relativ freier Fläche entstand, konnten wir ein regelmäßiges Grundmuster zumindest erwarten“, erklärt sie. Tatsächlich fand sie dann dort im Westen ein sehr gleichmäßiges rechteckiges Straßennetz, das mit dem im Stadtzentrum übereinstimmt. Mit Sicherheit ließen sich neun Straßen in Nord-Süd-Richtung bestimmen, zwei weitere werden vermutet. Zwischen zwei und drei Metern breit waren die meisten dieser Verkehrsverbindungen, von Silke Mueth daher als Nebenstraßen in einem Wohnviertel klassifiziert, während die wenigen „Boulevards“ mit fünf Metern Breite groß genug waren, dass Pferdefuhrwerke und Ochsenkarren aneinander vorbei kamen, ohne ein Verkehrschaos zu verursachen. In Ost-West-Richtung orientieren sich die Forscher zunächst an den zwei schon ausgegrabenen breiten Straßen nördlich und südlich von Agora und Theater. Sie finden deren kontinuierliche Fortsetzungen bis in die westlichen Wohngebiete und schließen aus der gleichbleibenden Breite von sechs bis sieben Metern, dass sie auch dort Hauptstraßen gewesen sein müssen. Sieben oder acht weitere parallele Nebenstraßen zu diesen vermutet die Archäologin im westlichen Stadtgebiet, doch findet sie dafür nur sporadisch Beweise. Sicher ist sie sich allerdings, dass noch „wahnsinnig spannende Sachen“ im Verborgenen liegen und sie hat so das Gefühl, dass sich die wohlhabenden Messenier hier im Westen ein eigenes „Stadtteilzentrum“, ein „Villenviertel“ womöglich, errichtet haben.

In den folgenden Sommern dehnt das Berliner-Kieler Team seine Untersuchungen auch auf die Gebiete östlich und südlich von Agora und Asklepion aus. Nun steht zweifelsfrei fest, dass das rechtwinklige Straßensystem nicht nur im Westen und im Stadtkern, sondern auch in den Wohnvierteln im Osten und Süden durchgehalten wurde, die Stadt also tatsächlich nach einem einheitlichen Muster angelegt worden war. Und wie im westlichen Wohngebiet lassen die Sondierungen mit dem Magnetometer auch hier erkennen, dass die Dichte der Bebauung mit zunehmender Entfernung vom Zentrum abnahm.

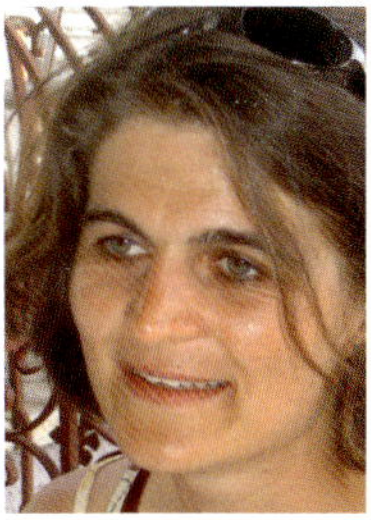

Silke Mueth, die den alten Stadtplanern auf die Schliche kommt.

Kopfzerbrechen bereitet der Archäologin eine Zeit lang ein anderes Ergebnis ihrer Untersuchungen. Ihr war aufgefallen, dass die Bebauungsflächen in einem Straßengeviert im gesamten untersuchten Gebiet unterschiedlich groß sind. Mal sind die Rechtecke 105 Meter lang, mal nur 87,5 Meter. In der Breite maß sie zwischen 40 und 32,5 Metern. Dies widerspricht zunächst einmal der Annahme, dass Messene dem Gedankengut des Hippodamos von Milet zufolge „demokratisch“ angelegt wurde und tatsächlich alle Baugrundstücke annähernd quadratisch und annähernd gleich groß waren. Letzten Endes kommt Silke Mueth zu dem Schluss, dass vermutlich eine durchschnittliche Breite der Bebauungsflächen zwischen den Straßen von 37,5 Metern anvisiert, in der Praxis jedoch nicht überall durchgehalten worden war. „Das kann in der originalen Bauphase passiert sein, weil man sich den Geländegegebenheiten anpasste, es kann

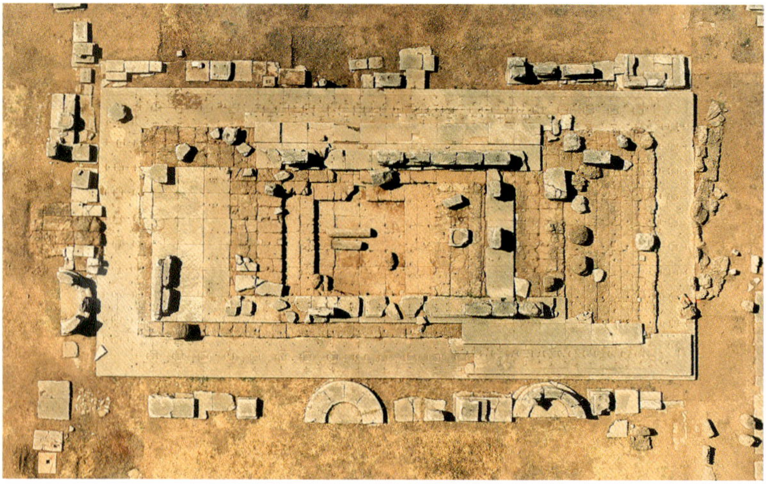

Der zentrale Tempel des Asklepions aus der Luft.

aber auch zu späterer Zeit Verschiebungen nach Ost und West gegeben haben. Darüber geben uns die geomagnetischen Untersuchungen keine Auskunft." Schließlich dürfe man auch nicht außer acht lassen, so die Archäologin, dass sie mit dem Magnetometer nicht immer einwandfrei feststellen konnte, ob sie nun auf eine Straße oder deren Begrenzungsmauer oder etwa auf die Mauer eines angrenzenden Gebäudes gestoßen war.

„Einheitlich gedacht, in der Praxis aber nicht regelmäßig durchgehalten", lautet der Befund der Projektleiterin auch angesichts der unterschiedlichen Länge der Bebaungsstreifen. Überhaupt dürfe man Messene, genau genommen, nicht zu den hippodamischen Städten zählen, sondern müsse sie den „Streifenstädten" zuordnen, weil die Flächen zwischen den Straßengevierten eben nicht in Quadrate, sondern in lange Rechtecke aufgeteilt waren. Annähernd gleich große, „demokratische" Grundstücke könne man aber dennoch erzielt haben, weil es ja durchaus denkbar sei, dass die längeren „Inseln" in mehr Parzellen aufgeteilt waren als die kürzeren.

Bei dem Versuch, dem Straßennetz möglichst weiträumig auf die Spur zu kommen, fiel den Wissenschaftlern schließlich noch auf, dass manche der Straßen in den Randgebieten buchstäblich „im Sand verlaufen" und man somit davon ausgehen könne, dass nicht alle Straßen und Wege bis an die Grenzen des Möglichen bebaut waren. Auch so schon haben wir mit Messene eine riesige antike Stadt vor uns, mit einer bebauten Fläche von rund 120 Hektar. Am nächsten an die Stadtmauern heran reichten die Häuser vermutlich im Süden und im Südosten, während man im Osten und Norden das Gelände nur so weit ausnutzte, bis es an den Hängen des Ithome zu steil wurde. Im Nordwesten hörte die Bebauung ungefähr 500 Meter vom Arkadischen Tor entfernt auf, und im Westen und Südwesten wäre noch Platz für weitere Wohngebiete innerhalb des 290 Hektar umfassenden Mauerrings gewesen. Die geomagnetischen Untersuchungen ergaben, dass die Stadt mehr als eineinhalb Kilometer breit war und sich in Nord-Süd-Richtung über bis zu 750 Meter erstreckte. Mindestens 30 000 Einwohner tummelten sich in Messene zur Blütezeit, also im zweiten vorchristlichen Jahrhundert. In einem in Tokio gehaltenen Vortrag zitierte Silke Mueth den amerikanischen Historiker Carl Roebuck, der sogar von 47 500 Bewohnern im Jahr 182 v. Chr. sprach, und von rund 40 000 um das Jahr 100 v. Chr..

Silke Mueth war im August 2004 nicht zum letzten Mal in Messene, ganz im Gegenteil war dieser Aufenthalt die Startkampagne für ein größeres Projekt, mit dem im Laufe der nächsten Jahre nach dem Straßennetz nun der Stadtmauer detailliert zu Leibe gerückt werden soll. Ihr gesamter Verlauf soll nach und nach bestimmt und genau vermessen werden. Dazu wird auch eine Untersuchung der näheren Umgebung kommen, um Außentürme und Befestigungen zu sichern, die im Zusammenhang mit der Verteidigung Messenes gestanden haben könnten. Kollegen von der Berliner Uni und der Technischen Hochschule Aachen werden messen, zeichnen, graben und wieder messen. Ein französischer Steinbruchexperte wird sein Wissen beisteuern, denn man will unter anderem auch die Steinbrüche am Ithome untersuchen, von denen ein Großteil des Baumaterials stammte. Klären möchte das Team in diesem Zusammenhang auch die ökonomische Seite des Mauerbaus: Wieviel Geld hat dieses Riesenprojekt verschlungen; konnte es wirklich, wie historische Quellen angeben, innerhalb weniger Wochen verwirklicht werden, wie viele Arbeiter waren wohl beteiligt, wie wurden diese versorgt ...

Bei den zwei Türmen links und rechts des neu gesicherten Südtores werden im August 2005 die Grabungen beginnen – und dann soll es ja auch noch ein Westtor gegeben haben, von dem man noch nicht so genau weiß, wo es gestanden hat. Die zielstrebige junge Doktorandin aus Berlin allerdings ist sich ziemlich sicher, schon auf der richtigen Spur zu sein ...

Petros im Glück. Der Grabungsleiter hat gut lachen. Er findet und findet in einem Griechenland, das bis zur Ausgrabung von Messene als durch und durch erforscht galt. Messene ist weiter für Überraschungen gut.

Die Stätte

Und manchmal zieht geisterhaft eine Ephebengestalt
Unbestimmt, mit schnellem Schritt,
An deinen Hügeln vorbei.
Konstantinos Kavafis

In Messene sind selbst die Trümmer grandios. In der einstigen Gartenstadt wachsen immer noch Feigen, die – was immer sie aufbringen mag – ihre Äste ringen. Im Winter, wenn sie nackt und kahl sind, muten sie wie Statuen an. Rebstöcke lehnen sich an Kapitelle an, Wurzeln umgarnen Säulen. Neben den steinernen Stämmen recken sich die natürlichen der Oliven. Man stolpert über alte Türschwellen in eine andere Welt.

1 **Parkplatz**

2 **Neuer Friedhof**, wo die Beigaben wie die alten sind. Öllämpchen und die Lieblingssachen der Verstorbenen kommen aber heutzutage nicht mehr unter der Erde, sondern in einen Schrein.

3 **Kleine Kapelle**, von frühen Christen im 8. Jahrhundert aus Steinen der alten Stadt zusammengestoppelt: Wir basteln uns eine Kirche.

4 Das **Wasserwunderwerk** von Messene. Ausgegraben von Prof. Florens Felten von der Salzburger Universität, dem auch Pausanias weiterhalf. Der Freund des Grabungsleiters Petros Themelis aus Münchner Studentenzeiten befasste sich mit dieser Anlage etwas abseits des Asklepions, deren Zweck zunächst unklar war. Erst als reihenweise Wasserrinnen, Becken und Pools zum Vorschein kamen, konnte man das von Pausanias beschriebene Brunnenhaus erkennen. Der Größe nach eher eine Villa für Wasser. Massenhaft Statuenbasen ließen eine prachtvolle Ausstattung erahnen. Doch wegen eines deplatzierten Treppenabsatzes machten

1 Parkplatz
2 Neuer Friedhof
3 Kleine Kapelle
4 Brunnenhaus
5 Byzantinische Wassermühle
6 Hauptstraße
7 Theater
8 Schauspieler-Quartiere
9 unterirdische Gänge
10 Basilika
11 Zeus-Tempel
12 Agora
13 Demeter-Heiligtum
14 Asklepion
15 Artemision
16 Asklepios-Heiligtum
17 Ekklesiasterion
18 Bouleuterion
19 Haupteingang zum Tempel
20 Kriegerinnen-Denkmal
21 chistliche Siedlung
22 Kirche, 9. Jahrhundert
23 Damophons Grab
24 Prachtvilla
25 Propyläen zum Sportbezirk
26 Kriegerdenkmal
27 Gedenkstein
28 steinernes Klassenbuch
29 steinernes Klassenbuch
30 Herakles' Grab
31 Stadiontoiletten
32 Gräber, Schatzgrube
33 weitere Gräber
34 Grabmonument
35 Stadion
36 „Coopers Puzzle“
37 Spätrömische Stoa
38 Arkadisches Tor
39 Klepsydra-Quelle
40 Lakonisches Tor
41 Zeus-Heiligtum auf dem Ithome

Felten und seine Mitarbeiter erst einmal lange Gesichter. Schlechtweg unbegehbar befand sich die Stufe hoch über dem Felsabsturz und war dazu noch mit Buchstaben versehen. „Immer ein Zeichen für Wiederverwendung, wie sie in der römischen Ära praktiziert wurde, und so hatten wir sichtlich spätes Messene vor uns, wo wir eigentlich auf das frühe aus waren“, beschreibt der Archäologe die anfängliche Enttäuschung. Weil aber der mittlerweile Mauerstein gewordene Stein eindeutig Vergangenheit ist und da eine andere Bestimmung hatte, suchte der Ausgräber tiefer nach Spuren des Gebäudes, in dem dieser Stylobat – oberste Stufe im gestuften Unterbau antiker Bauwerke – wirklich Stiege gewesen war. Dank der Treppe gelangen die Wissenschaftler tatsächlich in die erhoffte Epoche und entdecken gar ein Pionierwerk der Architektur. Unter dem für die römische Kaiserzeit üblichen Nymphäum zeichnet sich eine Vorform dieses Brunnentempels ab, der bis dato im 3. Jahrhundert v. Chr. nur auf dem Papyrus stand. Allein eine ägyptische Schrift beschreibt solch ein Schmuckstück von Wasserstelle, das dann erst ausgangs der Antike zum Muss für jede bessere Stadt wurde. Hielt man bisher an der Lehrmeinung fest, diese besondere Fassung fürs Nass mit halbrunder Stirnseite leite sich aus den Grottenheiligtümern Süditaliens her, zwingt Messene zum Umdenken. „Der Anstoß zu diesem Bau kam wohl von der anderen Seite des Mittelmeers“, mutmaßt jetzt Felten. „Und die mobilen Messenier mit ihren traditionell guten Auslandskontakten holten sich die Anregung allem Anschein nach aus Ägypten.“ Mit ihrem Nymphäum ist den Messeniern ein Baukunstwerk gelungen. Schon ganz Paradebrunnen, standen hier vor der leicht nach innen gewölbten Hangverkleidung die Statuen Spalier und aus den beiden Becken erhoben sich Wassergottheiten aus Marmor. Alle in gleißendes Spotlicht getaucht, denn Felten vermutet, dass das Dach raffinierte Öffnungen hatte. „Die Schau war die Hauptsache. Auch das erste Brunnenhaus Messenes war ein reiner Renommierbau und diente ganz nebenbei der Wasserversorgung.“ Geweiht wurde es der Arsinoe, einer weiteren Vormutter Messenes. Zu sehen ist heute noch die riesige Rinne, aus der das Wasser, von der Klepsydra-Quelle kommend, einst schoss. Weiter ein rundes Becken, das mittlerweile zerbrochen ist. Die Böden der Bassins mit ihrem Backstein-Mosaik sind aus römischer Zeit.

4
Eine Halbsäule vor der Rückwand des Brunnentempels.

5 Später, als Schluss mit lustig war, musste auch das Wasser hart arbeiten. **Byzantinische Wassermühle**, bei der es sich aber die Baumeister im 7. Jahrhundert leicht machten. Sie nahmen für das Bauwerk die Säulen und Bauelemente des Nymphäums her.

6 Die **Hauptstraße** aus glänzend gelaufenen Kalksteinquadern, auf der Pausanias die Stadt verließ. Unter dem Pflaster ist noch die Kanalisation zu erkennen.

7 Das **große Theater.** Mit seiner wuchtigen Umfassungsmauer eine wahre Bastion der Kunst. Soll bis zu 10 000 Zuschauer gefasst haben, die hier auch tatsächlichen Dramen wie Politikveranstaltungen beiwohnten. Das Sammelsurium von Säulen stammt zum größten Teil aus römischer Zeit. Wie auch die Bühne, von der einst der Chor das Geschehen beklagte.

7
Säulen-und Sitzdurcheinander im großen Theater.

8 Hinter dem Theater erreicht man über einer schmale Straße, wo raue Kalksteinplatten die perfekte Kanalisation verdecken, die **luxuriösen Quartiere der Schauspieler.** In einigen Räumen sind Mosaikböden zu sehen.

9 Hinter der Bühne Richtung Süden fallen **mächtige Gänge in der Erde** auf. Pausanias erklärt, wohin sie einst führten: „In der Nähe des Theaters gibt es ein Heiligtum des Sarapis und der Isis." Isis war eine alte ägyptische Gottheit, den Sarapis hatten die Nachfolger Alexanders in Ägypten erfunden. Dieser neue Gott der neuen Herrscher war bei den Ägyptern allerdings nie populär. Die Römer entdeckten dann diese Gottheit für sich und führten sie mit Isis in Griechenland ein. Mehr Götter, mehr Glück.

10
Der Boden der Basilika, aus Tempelsteinen gefügt.

10 Ein Gott, das größte Glück, dachten sich die Christen, die im 9. Jahrhundert hier eine große **Basilika** errichteten. Für den Bau nahmen sie das antike Messene als Steinbruch her. Kapitell auf Kapitell, Säule an Säule, hin und wieder ein Architrav und aus Götterhäusern entsteht ein Gotteshaus. In alte Steine werden die neuen Symbole eingeritzt.

11 In der großen Agora, dem Marktbezirk, der sich zwischen Theater, Brunnenhaus und Asklepion erstreckte, hat man erst kürzlich einen **Zeus-Tempel** entdeckt. Pausanias merkt an, dass er dem Zeus Soter geweiht ist, der menschlichen Erscheinung des Olympiers: Zeus, der Erretter. Eher Zeus, dem Verdonnerer. Im Sommer 2004 wurden hier große Gebotstafeln geborgen, die festhalten, wer was wann zu opfern hat.

11
Der jüngst entdeckte Zeus-Tempel mit Schmuckfries.

12 Die **Agora**, das große Marktviertel der Stadt.

13 **Heiligtum der Demeter**, älter, als es die alten Stadtplaner erlaubt hätten. Ein besonders heißer Tag im ohnehin heißen August 1993. The-

melis sucht gerade den ungenügenden Schatten eines Olivenbaums, als einer seiner Arbeiter aufgeregt auf ihn zugelaufen kommt. So ein Tempo bei diesen Temperaturen, da muss etwas passiert sein. Der Arbeiter zieht ihn in die Nordwestecke des Asklepions und kann außer Atem nur auf kleine Figürchen zeigen. Weihegaben und davon, wie sich bald herausstellen wird, eine ganze Grube voll. „Solche Votivgräber sind eigentlich nichts Besonderes“, stapelt Petros Themelis tief. „Die Spendenfreudigkeit in der Antike war riesig und so musste man an den Altären immer wieder Platz für neue Geschenke schaffen.“

13
Votivtäfelchen aus dem Demeter-Heiligtum.

Und da diese Devotionalien auf ewig Eigentum der Götter waren, wurden sie nicht weggeworfen, sondern nahe der jeweiligen Opferstätte unter die Erde gebracht. Nicht die Fülle der Funde, sondern das Alter der ältesten Figuren ist dann die eigentliche Sensation. Die Heiligenbildchen und Statuetten stammen gar nicht aus der Zeit Messenes, sondern wurden fast 300 Jahre vor der Stadtgründung geformt. Schon zu archaischen Zeiten wurde Demeter hier verehrt. Die Stadt ohne Vergangenheit hatte also sehr wohl eine. Zur Zeit des Ersten Messenischen Krieges verehrte man hier eine Göttin, die sichtlich für Fruchtbarkeit zuständig war. Die Pilger führten der Großen Mutter ihre Bitten plastisch vor Augen, sollten die Gebete überhört werden. Votive aus Bronze und Ton stellen dar, was man sich früher so wünschte: einen Mann, ein Kind oder doch lieber ein Pferd. Wenn nicht Mauerreste, so war vielleicht eine Ahnung da, denn Messenes Städtebauer ließen genau über dem alten Heiligtum den Tempel der Demeter entstehen, nur leicht verschoben, dass er ins neue Straßennetz passte.

14 **Asklepion**, das eigentlich Messenion heißen müsste. Zentrales Heiligtum der Stadt, in dem die himmlische Macht den Frauen, die weltliche den Männern vorbehalten war. Messene, Demeter und Artemis Orthia residierten im Tempel, die Stadtväter im Rathaus. In der Mitte des Areals die Überreste des Tempels, 13,67 Meter auf 27,97 Meter, mit sechs mal zwölf dorischen Säulen. Die Säulen der Hallen vereinigen alle Stilrichtungen in schönster Harmonie: an der Längsseite je 23 korinthische Säulen mit ionischem Architrav. Überall Basen, auf der einst die Statuen standen, die Pausanias auf 140 beziffert. Die frühen Jahrhunderte der Christenheit waren trotz religiöser Erleuchtung ziemlich dunkle, da die Menschen hier vergessen hatten, wie man Eisen verhüttet. Weil man aber wusste, dass die Splinte, die die Säulentrommeln verbanden oder die Statue auf der Basis stehen ließen, meist aus Eisen waren, gewann man das kostbare Metall,

14
Oben Asklepion, unten antike Partitur.

indem man Säulen kippte und Statuen vom Sockel stieß. Auf dem großen Altar, 2,41 auf 12,67 Meter und 1,70 Meter hoch, loderten die Opferfeuer. Nicht nur Tiere brachte man hier dar, sondern der Göttin auch ein Ständchen. Nichts Besonderes schien ein Steintäfelchen zu sein, das Themelis im Asklepion gefunden hat. Es war beschrieben, aber die Buchstaben tanzten ganz merkwürdig aus der Reihe und ergaben weder Wort noch Sinn. Seine Kollegen und er waren mit ihrem Griechisch am Ende, bis Themelis' Bruder schließlich den (Noten)Schlüssel zum Entziffern fand. Der Musikprofessor erkannte es als seltene Hinterlassenschaft seiner Zunft, als man noch nicht vom Blatt, sondern vom Stein sang. Töne las er vom Stein, denn in antiken Partituren standen schräge Buchstaben für Noten.

15 **Artemision**. Heiligtum der Artemis Orthia, dieser wilden Artemis vom Schwarzen Meer. Während die Jungs im Stadion die Körper stählten, wurden im Herrgöttinnenwinkel die Mädchen mental stark gemacht. Der Artemis Orthia vertrauten die Dorer in Sparta und Messene und vertrauten ihr die Mädchen an, auf dass sie gute Frauen wurden. Diesen Wunsch ritzten die Eltern in Säulen ein. Am Altar der Göttin eine Säule mit einer Schleife im Kapitell, was wirklich einmalig ist. Im Zentrum eine rechteckige Basis, auf der ein Standbild der Artemis Phosphoros stand, der feuertragenden Artemis mit der Fackel in der Hand. Von der kolossalen Statue, Werk des Bildhauers Damophon, wurde genau diese Hand gefunden und riesige Füße. Vor der Basis der Opfertisch. Schräg zu der Basis ein Inschriftenstein, auf dem liebende Eltern ihre Tochter Mego unter den Schutz der Göttin stellen. Rechts auf der Inschriftensäule wird die Artemis mit ihrem uralten Namen „Oupisias" angerufen. Ihn haben zwar die Ältesten der Stadt gestiftet, aber das Wort ist viel, viel älter als sie und wurde seit Ewigkeiten nicht mehr benutzt. Die Anrede rührt aus Thrakien her, diesem fernen Landstrich am Schwarzen Meer, wo die Dorer herstammten. Die Messenier haben diesen Namen bewahrt, weil sie im Exil an ihrer alten Sprache festhielten und sie dann mit zurück in die neue alte Heimat brachten. Vor der Basis der Fackelträgerin ein steinerner Klingelbeutel, die alten Scharniere aus Blei sind noch erhalten. Bleifassungen sieht man auch in der Basis vor dem rechten Fenstersims, die einen weiteren Inschriftenstein festhielten.

15
Der steinerne Klingelbeutel im Artemision; die Inschrift mit Artemis' uraltem Namen; Säule mit einzigartigem Schleifenkapitell.

16 Das eigentliche **Asklepion**. Ein Raum, in dem Asklepios und seine Söhne verehrt wurden. Die Nähe zum kleinen Theater zeichnet ihn besonders aus.

17
Sitzreihen im kleinen Theater.

18
Geborstene Bänke im Bouleuterion.

17 **Ekklesiasterion**. Der „Versammlungsraum“ ist ein vollendet proportioniertes Mini-Amphitheater. Für Gedichtsvorträge, Theateraufführungen, Musik, Aufrufe, politische Vorträge. Der schöne Boden wurde gerade restauriert.

18 **Bouleuterion** ist das Rathaus, das höchste Gebäude im Tempelbezirk. Die weltliche Macht stellte in Messene die kirchliche in den Schatten. Hier versammelten sich die Verwalter und die Abgesandten der Städte Messeniens. Zählt man die steinernen Stühle nach, an deren Sitzflächen der Zahn der Zeit und der Steinklauer genagt hat, waren es 76, die über die Geschicke des Staates Messenien entschieden.

19 **Haupteingang zum Tempelbezirk** und schnellster Weg zum Rathaus. Themelis kann sich sehr gut vorstellen, dass die ehemalige Rampe der Propyläen auch aus Holz gewesen ist wie die jetzige. Auf den viereckigen Pfeilern, die noch zu sehen sind, erhoben sich ionische Säulen, die das ganze zu einem beeindruckenden Torbau machen.

20 **Kriegerinnendenkmal**. Auf diesem Stein gedenkt Messene Gefallenen, darunter den vier Feldherrinnen Thiva, Lyso, Thelxippa und Gorgo.

21 Die **christliche Siedlung**. Messenes Blütezeit war längst vorbei, die Stadt hatte politisch keinerlei Einfluss mehr, die meisten Gebäude waren verlassen und verfallen, als im späten 4. Jahrhundert n. Chr. hier, auf der einstigen Prachtstraße östlich des Asklepions, eine ärmliche Siedlung entstand. „Das waren hässliche Wände, zusammengewürfelt aus Mauersteinen älterer Gebäude, Säulenteilen und sogar Torsos von Statuen“, erklärt Kleanthis Sidiropoulos, einer der engsten wissenschaftlichen Mitarbeiter von Professor Themelis.

Dem Archäologen aus Kreta liegt daran, dass auch dieses Kapitel aus der Geschichte Messenes beachtet wird, nicht nur dessen Machtentfaltung und Glanz. Er versteht sich als ein Altertumsforscher, der nicht nur schöne Statuen zeigen will, sondern auch „hässliche Wände“ für einen interessanten Teil der Geschichte hält. An ihnen kann er nämlich ablesen, dass das Leben für die Messenier jener Zeit sehr hart geworden war. Die alte Welt, die alten Werte brachen zusammen, es herrschte materielle Not und auch Angst vor den Horden durchziehender Barbaren – die Völkerwanderung hatte Messenien erreicht. So scharte sich das Häufchen übriggebliebener Siedler da zusammen, wo Platz für ihre winzigen Häuser war

– auf der ehemaligen Prachtstraße, sozusagen im Windschatten des riesigen Asklepion-Bereichs. Die Häuslebauer nutzten rund zwei Drittel der einst bis zu 12 Meter breiten Straße für ihre Neubauten und fanden den restlichen Streifen immer noch ausreichend als Verkehrsfläche. Zu Staus kam es trotzdem nicht, da ja auch längst keine Ratsversammlungen mehr stattfanden, zu denen 76 Mitglieder zugleich ins Bouleuterion gedrängt hätten.

Weil das ehemalige Stadtarchiv direkt neben dem Rathaus ebenfalls ungenutzt vor sich hin alterte, ließen sich Umzügler aus anderen Stadtteilen nach und nach auch darin heimisch nieder. Ähnlich erging es etlichen der alten Tempel, die inzwischen als heidnisch angesehen wurden und anstelle zum Gebet neuerdings zum Wohnen und Schlafen aufgesucht wurden. Dem einen „wahren" Gott, an den sich die frühchristlichen Siedler in ihrer Not wandten, bauten sie mindestens zwei Basiliken, ebenfalls aus den schon vor Jahrhunderten behauenen Mauersteinen, Säulen und Statuenbasen. Dieses Recycling zeigt nach Ansicht der Forscher aber keine böswillige Zerstörungswut, sondern vielmehr die pure Armut der letzten Messenier, die ihrer einstigen Hauptstadt zu Beginn des 7. Jahrhunderts endgültig den Rücken kehrten.

All dieses Wissen über die Vergangenheit liest Kleanthis Sidiropoulos aus unzähligen Einzelfunden, die in Messene über die Jahre zu Tage kamen. Er ist seit 1988 an Themelis' Seite auf dem Peloponnes und betrachtet die Ausgrabungsstätte als riesiges Puzzle, zu dem jeder Mitarbeiter sein Teil beiträgt. Er selbst ist in Messene zum Münzspezialisten geworden und schreibt an seiner Dissertation über die mehr als 8000 Münzen vom fünften vorchristlichen bis zum 20. nachchristlichen Jahrhundert, die hier bisher gefunden wurden. Für ebenso wichtig wie die spektakulären Entdeckungen hält er aber auch winzige Kleinigkeiten, Knochensplitter, Nägel und Glasscherben beispielsweise, die alle ihre eigene Geschichte erzählen. Hunderte von Glassplittern in einer der kleinen frühchristlichen Hütten etwa ließen sich so deuten, dass dort eine Glaserwerkstatt untergebracht war. Das Glas kam als Rohmaterial in großen Blöcken aus Syrien und wurde in jener messenischen Werkstatt umgeformt in Gläser und Kannen für den alltäglichen Gebrauch, aber auch einige großformatige hauchdünne Vasen – ein Beweis dafür, dass auch inmitten materieller Not der Sinn für filigrane Schönheit erhalten blieb.

22 **Kirche aus dem 9. Jahrhundert n. Chr.**, von der viel erhalten ist, weil der Urwald sie stützte, Efeu sie einpackte, Stechwinden sie verschnürten.

22
Aus Tempel
wurde Kirche.

23 Südlich vom Asklepion, wo eine Steineiche es gleichermaßen schützt und zerstört, ist ein besonderes **Grabmal**. Hier wurde wahrscheinlich Damophon beigesetzt, der größte Künstler Messeniens. Das beweist wohl eine Inschriftensäule, die hier gefunden wurde, auf der sieben weitere Orte ihre Hochachtung vor dem Künstler bezeugen, darunter die Inseln Milos und Kephallonia.

24
Wirkliche Puzzlearbeit: Ein Mosaikboden wird restauriert.

24 Schöner Wohnen in Messene. Wenn das Gebäude nur annähernd so schön wie sein Fußboden war, muss es eine **Prachtvilla** gewesen sein. An Ballsäle denkt man, wenn man die wunderschönen Mosaiken sieht. In spätrömischer Zeit hat da einer gebaut, der sichtlich nicht sparen musste. In den Wandnischen stellte er alle auf, die auf dem Olymp Rang und Namen hatten. Unter anderem fanden sich Reste einer Hermes-Statue und die der Artemis, die man um 400 n. Chr. brachial vom Sockel gestoßen hatte. Die Villa steht wohl nicht unter den guten Sternen Messenes.

In den Kampagnen 2001, 2002 und 2003 puzzelten die Studenten unermüdlich Steinchen zusammen und ließen die Mosaikböden in neuem Glanz erstehen. Dann kam der Februar 2004, der 13. und noch dazu ein Freitag. Er brachte einen Frost mit sich, wie ihn diese Gegend seit Menschengedenken nicht gehabt hatte. Minus zehn Grad wurden gemessen. Das war zu viel für den Kleber, der das Mosaik zusammenhielt. Er brach und somit der Fußboden auseinander. Die Studenten mussten im Sommer 2004 wieder von vorn anfangen. Sisyphos, einst König von Korinth, lässt grüßen.

25 Unter diesen dorischen Säulen sprechen Japaner Griechisch. Kein Wunder, denn alle Sommer reist eine japanische Gruppe von Studenten an, die sich unter anderem um Wiedererrichung dieser **Propyläen** verdient gemacht haben.

Eingang zu einem weiteren Kultbezirk. In Stadion und Arena regierte der Sport. Die kanalisierte Prachtstraße führt vom Zentrum herunter, links und rechts Villen aus der römischen Zeit. Die Säulen trugen einst Dach und waren die Hallen des Gymnasion, wo die Epheben, die mannbaren Knaben, ihre Körper stählten.

26
Die Denkmalbasis mit den Schilden.

26 **Kriegerdenkmal**, mit Schilden ringsherum.

27 Ein weiterer **Gedenkstein**, dessen ionische runde Bekrönung aus einem einzigen Stück Marmor herausgehauen wurde.

28 Steinernes Klassenbuch.

29 Noch ein steinernes Klassenbuch. Wir befinden uns inmitten des Gymnasions, in dem junge Männer drei Jahre lang aufs Erwachsenenleben vorbereitet wurden. Lesen und Schreiben, Arithmetik und Geometrie, Literatur und Philosophie standen auf dem Stundenplan, doch das körperliche Training wurde als wichtiger angesehen. Dass es nicht nur gebürtige Messenier waren, die diese Schule besuchten, sondern auch Griechen aus anderen Landesteilen und ebenso Jünglinge mit römischem Elternhaus, hat Andronike Makres herausgefunden. Die promovierte Philologin aus Athen liest die altgriechischen Wörter auf den Säulen, vor denen wir hier stehen, wie unsereins den Reiseführer und weiß daher genau, wer so in späthellenistischer Zeit mit wem die Schulbank gedrückt hat. Ungefähr 100 Jungen pro Jahrgang wurden im Durchschnitt in Messene unterrichtet. Das macht bei drei zu absolvierenden Jahren insgesamt 300 Schüler. Jede der Säulen funktionierte etwa so wie ein modernes Klassenbuch und gibt uns heute noch Auskunft darüber, wie die Schüler eines Jahrgangs und auch ihre Lehrer, der Priester und selbst der Hausmeister hießen. Weil römische Namen gleichermaßen verzeichnet sind wie griechische, liegt es auf der Hand, dass hier ein reger Kulturaustausch stattfand. „Die Messenier waren gut befreundet mit den Römern, und umgekehrt gefiel es immer wieder Römern in Messene so gut, dass sie hier blieben, obwohl sie eigentlich nur auf der Durchreise waren“, erklärt die Inschriftenspezialistin, die für die Archäologische Gesellschaft Athen generell für die Entzifferung der altgriechischen Inschriften in Messene zuständig ist.

Während die Väter auf römisch-griechisch Handel betrieben, waren die Söhne eher an technischen Neuerungen des jeweils anderen Landes oder an sportlichen Rekorden interessiert. Die jungen Römer faszinierte der Körperkult der Griechen und ihre exzessiv betriebene Athletik – die Griechen wiederum übernahmen kurzerhand praktische römische Erfindungen wie zum Beispiel die Aquädukte. Aufgrund ihrer Studien geht die Philologin davon aus, dass sich die beiden Kulturen in der Gegend von Messene im Großen und Ganzen nicht feindselig gegenüber standen, sondern dass man friedlich und sich gegenseitig befruchtend zusammenlebte. Letzteres allerdings fast ausschließlich auf geistiger Ebene, da Eheschließungen zwischen Römern und Griechen die große Ausnahme blieben. Ein römischer Jüngling hätte nämlich umgehend alle heimatlichen Bürgerrechte verloren, hätte er ein Verhältnis mit einer Messenierin legalisieren wollen.

28
Schülerverzeichnis in Stein.

29
Andronike Makres macht gerade den Abklatsch einer Inschrift.

Zum Lehrauftrag in Messenes Gymnasion gehörte unübersehbar die Verehrung der Götter und Heroen der Vergangenheit. Nicht zufällig standen Marmor- und Bronzestatuen von Göttern und mythischen Helden als Vorbilder und Beschützer der Jugend in großer Zahl in den Säulenhallen und Atrien. Andronike Makres, die mit ihrer Arbeit zur Rekonstruktion des öffentlichen Lebens in Messenes Stadion und Gymnasion beitragen möchte, entzifferte aber auch Inschriften auf Statuenbasen, die die Dargestellten als Geistesgrößen und Wohltäter der Stadt aus jüngerer Vergangenheit beschrieben.

Trotz all dieser hehren Vorbilder waren die jungen Burschen, die im späthellenistischen Griechenland das Gymnasion besuchten, offensichtlich ähnlich pubertär wie Schüler heutzutage. Um Schulalltag und Langeweile zu entfliehen, ritzten sie in die zweite Stufe der Treppe, die vom Propylon ins Gymnasion führte, ein Spielbrett ein, das dort immer noch zu sehen ist. „Tic-Tack-Toe" hieß das Brettspiel damals zwar sicher nicht, aber auch die antike, mit Steinen gespielte Variante wird so manchen zähen Schultag aufgelockert haben.

30
Ein Finger des Herakles.

30 In dieser Wand war Themelis eine Tür aufgefallen, die stümperhaft zugemauert worden war. Als man das grobe Füllwerk herausgestemmt hatte, stach ihm sofort ein riesiger kleiner Finger ins Auge. Gut doppelt so groß wie der eines Menschen aus Fleisch und Blut, deutete er auf einen Giganten hin. Den dann die Archäologen Bruchstück für Bruchstück aus der Steinkippe klaubten.

Ein total zerschlagener **Herakles**, heute wie damals – so ganz in Form – der Abgott aller Muskelmänner. In jedem antiken Fitness-Center war seine Figur Gebot und der Kniefall vor dieser Statue Pflichtübung für die Athleten. Doch Zeiten und Gott änderten sich und der neue Einzige hatte es nicht so mit dem Körperkult. Als die ersten Christen in Messene dann Keuschheit predigten, musste Herakles dran glauben.

Dies Bild von einem Mann passte nicht ins christliche Weltbild. „Also schlugen sie die Skulptur kurz und klein und mauerten den Schotter ein," so die These Themelis'. Mit Nackten hatten die Künder der Nächstenliebe in ganz Messene kein Erbarmen und Götter wie Göttinnen stieß man tatsächlich vom Sockel.

31
Die Stadiontoiletten, ganz modern mit Wasserspülung.

31 **Stadiontoiletten.** Veritable Wasser-Klosetts, denn der genial umgeleitete Klepsydra-Bach schwemmte allen Unrat weg. Man drehte allerdings dem Sportgeschehen den Rücken zu. Oder seine Verlängerung.

32 Die **Schatzgrube**. Schon kann sie den Schädel im Erdreich spüren. Obwohl Ellen Kühnelt lang darauf hingearbeitet hat, wird ihr noch heißer unter dem Sonnenhut. Fiebrig lässt sie die Hacke fallen und fühlt sich weiter mit den Fingerspitzen vor. Ist sie die erste Letzte-Ruhestörerin oder sind ihr Fledderer zuvorgekommen? Ein Grab zu öffnen, ist für die junge Archäologin keine reine Entdeckerfreude. Die Gebeine könnten sie eigentlich kalt lassen, befasst sich doch ihre Wissenschaft eher mit dem Drumherum. Proviant, Preziosen und Fahrgroschen – was man auf der Unterweltreise so alles bei sich hatte. Bevor Ellen Kühnelt nach den Beigaben schürft, streicht sie sacht die Flechten aus der Stirn des Totenkopfes, als wolle sie die alte Seele gnädig stimmen. Zu gern möchte sie neben den Knochen noch etwas finden. Weil aber Grabräuber den Forschern oft vorgegriffen haben, sind unberührte Begräbnisstätten eine Rarität. Wenn denn schon Plünderer auch hier am Wühlen waren, sollen sie doch bitte bitte – stoßbetet Ellen Kühnelt – ein paar Kleinigkeiten übersehen haben. Voller Spannung zerkrümelt sie den Lehm, den die sommerliche Gluthitze festgebacken hat.

32
Oben: ein Grab wird geöffnet.
Unten: Fahrgeld für die letzte Reise.

Hoch und höher steigt die Augustsonne und heizt ihr in der Grube kräftig ein. Hilft ihr aber auch bei der Suche, glimmt doch nun in der Tiefe auf, was einst glänzend war. Plötzlich blinkt durch die Kruste aus Schmutz eine Scheibe zurück, die fürs Reflektieren geschaffen ist. Ein Spiegel aus Bronze, den die Ausgräberin nun trotz zittriger Knie mit ruhiger Hand aus dem Boden bricht. Bevor es ihr gänzlich den Atem verschlägt, haucht sie die Metallfläche ein bisschen sauber, die einmal blank poliert war. Wieder und wieder berührt sie die beiden fein gegossenen Griffe und kann ihr Finderglück kaum fassen. Schon mutiger wirft sie einen Seitenblick auf den sterblichen Überrest und wünscht sich noch ein glitzernd kleines Wunder.

Auf der Stelle lassen die Strahlen eine Winzigkeit lohen, die durch und durch wie Bernstein scheint. Was ganz nach dem harten Harz aussieht, ist keineswegs Schöpfung der Natur. Es kristallisiert sich als Glas heraus und da hat der Mensch mitgemischt. Zumindest ging es bei dieser Erfindung ohne viel Kopfzerbrechen ab, weil eine bestimmte Umwelt die richtige Mixtur bereithielt. Auf der anderen Seite des Mittelmeers liegen an den Salzseen der Wüste alle Zutaten auf dem Strand: Soda, Quarzsand und Kalkpartikel. Werden sie stark erhitzt – Lagerfeuer erleuchteten da in mehrfacher Hinsicht – verschmelzen sie zu einer Paste. Kommt noch Kupfer dazu, ergibt es ein Blau, mit dem schon die Ägypter den Augen ihrer Statuen Tiefe verliehen. Wird nun ein Tonkörper mit dem heißen Kleister ummantelt, entsteht nach dem Erstarren eine fragile Hülle. Typisch transparent wird das Gefäß nach Entfernen des Kerns. Glas zu blasen gelang dann kurz vor Christi Geburt und erst mit dieser Technik wurde es zur Massenware. Der bernsteingelbe Flakon, den Ellen Kühnelt vorsichtig aus der gebrannten Erde schraubt, ist eines der kostbaren Einzelstücke. Das Weib in ihr reagiert schneller als die Wissenschaftlerin, untersucht sie doch den Fund zuerst mit der Nase, als wäre der einstige Inhalt genauso gut konserviert. Längst verflogen ist der Duft, der damals noch wertvoller als die Verpackung war. Ob Rosenessenz, Iriswasser oder Öl aus dem exotischen Sandelholz – eine Frau von Alter Welt wollte keinen dieser Wohlgerüche missen. Für die olfaktorische Grundausstattung brauchte es mehr als ein Fläschchen und so wittert die Ausgräberin wieder Atemberaubendes.

Tatsächlich beschert ihr das Grab wenig später zwei weitere der edlen Gläser: eins in Grün und ein brillant kobaltblaues. Ein richtiger Kulturbeutel hat sich der Archäologin aufgetan. Samt ihren Duftwässerchen wurde bei den alten Griechen eine junge Griechin beerdigt. Im Land der Kulte war der um den Körper besonders heilig und Schönheitspflege für die Hellenen ein Gebot. Das Wort Kosmetik stammt aus ihrer Sprache und hat die gleiche Wurzel wie Kosmos, was das Maß aller Vollkommenheit bedeutete: die Weltordnung. Eine Schere aus Bronze komplettiert das Letzte-Reisenecessaire. Ellen Kühnelt kratzt zu guter Letzt zwei Münzen aus dem Geldbecher, die bei keiner Bestattung fehlen durften. Entgelt für Charon, der die Verstorbenen über den Fluß Acheron in die Unterwelt stakte. An den Köpfen der Drachmen kann die Archäologin ziemlich genau das Todesjahr ablesen. So diese Groschen nicht aus dem Sparstrumpf der Uroma stammten, wurde die Messenierin mit dem Beautycase zu Beginn des 3. Jahrhunderts v. Chr. beerdigt.

33
Das goldene Blatt eines Siegerkranzes.

33 Weitere **Gräber**, wo Grabräuber halbe Arbeit geleistet haben. Da sie naturgemäß hudeln müssen, haben sie immer Kleinigkeiten übersehen. Deshalb konnten die Ausgräber hier irdene Grabbeigaben finden. Feinste Vasen, hauchdünn gedreht, viel zu fein für den alltäglichen Gebrauch. Dann noch ein Blatt aus Gold, das einst zu einem goldenen Siegerkranz gehörte. Als Krönung einen goldenen Siegelring mit Karneol.

34
Die eigenwillige Krönung eines Grabes.

34 **Bizarres Grabmonument in Einzelteilen**. Der Betrachter muss sie in der Phantasie aufeinandersetzen und dann mutet das Familiengrab wie ein moderner Außenkamin an. Mit bizarrem Inhalt. Mehr als zwanzig Kin-

der waren da in Tonpötten beigesetzt worden. Mit Hunden an ihrer Seite. Namen von acht Bestatteten befinden sich im Architrav auf der Ostseite, davon lesbar: Epikrateia, Nikoxena, Nikicha in der oberen Reihe, Agesistratos, Epikrates darunter.

35 **Stadion.** Teure Plätze sind die Steinsitze, für Ehrengäste waren die mit den Löwentatzen reserviert. Die billigen Plätze sind auf den Erdtribünen.

35
Restaurationsarbeiten im Stadion.

36 **„Coopers Puzzle"** nennen wir etwas salopp die Baustelle am Südende des Stadions. Hier wird zur Zeit ein tempelähnliches Monument wieder aufgebaut, über dessen ursprüngliche Bedeutung sich die Forscher lange nicht einig waren. Zunächst wollten sie gern glauben, das von Pausanias erwähnte Grabmal des messenischen Lokalhelden Aristomenos gefunden zu haben, doch dazu ist das Monument heutigen Erkenntnissen zufolge zu jung. Tempel oder Grabmal? hatten sich schon die Mitglieder der Französischen Expedition im Jahr 1828 gefragt, ohne eine zufriedenstellende Antwort zu finden.

36
Schmucksteine des Heroons.

Im Sommer 1992 nahm Professor Frederick Cooper von der Universität von Minnesota die Grabungen wieder auf, die 1987 und 88 unter der Leitung von Professor Petros Themelis Überreste eines bemerkenswerten Bauwerks aus dem ersten vorchristlichen Jahrhundert zu Tage gefördert hatten. Jahrelang haben dann Cooper und sein Assistenzprofessor Pieter Broucke mit wechselnden Studententeams das rätselhafte Monument ausgegraben und seine Bestandteile inventarisiert, bevor sie 1999 nach einer versuchsweisen Rekonstruktion davon überzeugt waren, dass ein vollständiger Wiederaufbau möglich ist. Inzwischen gehen die Wissenschaftler davon aus, den Besuchern vom Jahr 2005 an das Heldendenkmal oder „Heroon" erneut so präsentieren zu können, wie es die Messenier schon vor Christi Geburt vor Augen hatten. Dann wird der tempelähnliche Bau aufs Neue wie ein Bühnenbild seine Frontseite dem Stadion zuwenden. Fast acht Meter hoch wird er wieder über dem gewaltigen rechteckigen Podium aufragen, das am südlichen Ende der Sportstätte in die Stadtmauer integriert ist. Wie ein riesiges Puzzle stellt sich der Wiederaufbau des neu zu errichtenden Bauwerks noch im Sommer 2004 dar. Professor Cooper verbringt Stunden damit herauszufinden, wie die Blöcke aus Poros und Sandstein zusammenpassen, die künftig wieder in abwechselnden Reihen das Podium verkleiden sollen. Doch ist diese Aufgabe erst einmal bewältigt, wird der Rest beinahe zum Kinderspiel, denn die verschiedenen Schichten der säulengegliederten Fassade, der Seitenwände und der

Rückwand stehen schon bereit. Coopers Mitarbeiter und Studenten haben über Jahre hinweg die weit verstreuten Bauglieder Mauerstein für Mauerstein ausgegraben und herausgefunden, wie diese in späthellenistischer Zeit zusammengehörten.

So braucht dann eigentlich nur in die Höhe gebaut werden, was im Moment noch lauter einzelne Rechtecke auf dem Erdboden bildet – die diversen Steinreihen eben, komplett mit kannelierten Kalksteinsäulen und rosettengeschmückten Kapitellen. Was aber war nun die Funktion des Heroons, das in seiner schlichten Schönheit an so prominenter Stelle stand? Wenn es schon nicht das Grabmal des Aristomenos war, wem war es dann gewidmet? Hunderte von Marmorteilchen unter den Fundstücken, die sich zu einem Sarkophag zusammensetzen ließen, sowie eine in der Nähe des Stadions gefundene Inschrift gaben den entscheidenden Hinweis darauf, dass der tempelförmige Bau ein Mausoleum war für einen Messener Bürger mit Vermögen und Einfluss, der nach seinem Tod in den Stand eines Heros erhoben wurde. Auch sein Name ist, Pausanias sei Dank, inzwischen bekannt. Saithidas hieß der ehrenwerte Mann, ein messenischer Oberpriester auf Lebenszeit und Vorsteher des Achäischen Bundes, der hier im 1. Jahrhundert n. Chr. bestattet wurde. Nach ihm fanden noch jahrhundertelang andere angesehene Familienmitglieder ihre letzte Ruhe im Tempel-Mausoleum, das bald wieder als eine der besonderen Sehenswürdigkeiten Messenes gelten wird.

Und das Grabdenkmal des Aristomenos? Noch ist es nicht gefunden, aber jüngste Untersuchungen legen nahe, dass es vielleicht mit einem Heroon identisch ist, das man gerade nordwestlich des Stadions ausgräbt.

37
Tor der Stoa.

37 **Spätrömische Stoa.** Wandelhalle, in der man sich vorgeblich denkend erging.

38
Das Arkadische Tor.

38 **Arkadisches Tor.** Der runde Torraum ist eine bauliche Seltenheit. In diesem prächtigen Ambiente wurden Reisende einst verabschiedet oder willkommen geheißen. An den Wänden befanden sich Buden mit Souvenirs, tönernen Heiligenbildchen und Reiseproviant. Vor diesen Toren der Stadt der eigentliche Friedhof, der dann besonders in römischer Zeit genutzt wurde. Viele Kinder wurden hier bestattet, wahrscheinlich alle Opfer einer Epidemie.

39 **Klepsydra-Quelle.** Lieferte der Stadt das Wasser. Alte Fassung aus fein behauenen Steinen.

40 **Lakonisches Tor.** Tor nach Osten Richtung Sparta. Besonders gesichert durch den Steilabhang.

41 **Zeus-Heiligtum auf dem Gipfel des Ithome.** In der Mauer des Klosters noch Bauteile der uralten Kultstatt. Zum Beispiel eine Steinplatte mit Vertiefungen für einen Dreifuß. Im Osten Basis des Heiligtums. Hier oben hatten sich die Messenier verschanzt, hier oben opferte Aristomenes auch Menschen dem Zeus, „vornehme Opfertiere", wenn er mal gesiegt hatte. 746 n. Chr. wurde das alte, heute verlassene Voulkano-Kloster gegründet. Doch noch jedes Jahr findet am 15. August eine Feier statt. Nur trägt man jetzt das Bildnis einer Jungfrau den Berg hinauf. Das von Maria.

41
Das Kloster auf dem Gipfel des Ithome.

Das Museum

Meine stolzesten Funde? Das sind die eindrucksvollen, lebendigen und gut erhaltenen Statuen ...
Petros Themelis, Direktor der Ausgrabungen

In „göttlicher Nacktheit", so der Museumsführer, steht uns Hermes gegenüber, sobald wir das Museum betreten. Als Götterbote und Schutzgott des Handels, aber auch Beschützer der trainierenden jungen Männer wird die knapp überlebensgroße Statue interpretiert, die aus der Weststoa des Gymnasions stammt. Diese 2,08 Meter hohe Figur hatte vermutlich keine kultische oder verehrende Funktion, sondern sollte den im Gymnasion trainierenden jungen Männern im wahren Sinne des Wortes als Vorbild dienen. Das könnte der messenische Hermes wohl auch heute noch, so wohlgeformt und durchtrainiert, wie der antike Künstler dessen Körper gestaltet hat. Er steht auf seinem rechten Bein und hat das linke leicht nach hinten abgewinkelt. Die hervorragend erhaltene Statue ist eine Kopie des ersten nachchristlichen Jahrhunderts von einem Statuentyp des 4. Jahrhunderts v. Chr. aus der Schule des Praxiteles. Die Stütze am rechten Oberschenkel in Form eines Baumstamms ist ein Zusatz des Kopisten und ein typisches Kennzeichen vieler Kopien.

Messene Museum
Öffnungzeiten:
Dienstag bis Sonntag:
8.30 bis 14.30 Uhr

Im selben Ausstellungsraum können wir noch einen zweiten wohlgeformten Männerkörper bewundern, den Doryphoros (Lanzenträger) des Polyklet in einer hervorragenden Kopie aus augusteischer Zeit. Er wurde ebenfalls im Gymnasion gefunden, zusammen mit Fragmenten seiner Hände, Unterschenkel und Füße und der als Palmenstamm gearbeiteten Stütze des Standbeines. Da Pausanias von Statuen des Hermes, des Herakles und des Theseus im Gymnasion von Messene berichtet und die Hermes- und Herakles-Statuen in nächster Nachbarschaft des Lanzenträgers gefunden wurden, geht man heute davon aus, dass der römische Reiseschriftsteller in dieser Figur den mythischen Helden Theseus gesehen hat. Die Kunsthistoriker um Themelis stufen „ihren" Doryphoros als „qualitativ besser" ein als diejenige Kopie in Minneapolis, die für die beste der vollständig erhaltenen und die getreueste hinsichtlich des verlorengegangenen polykletischen Originals gehalten wird.

In unserem Kapitel zum Museum von Messene beschränken wir uns darauf, einige wenige Ausstellungsstücke hervorzuheben und auf andere hinzuweisen. Eine vollständige „Inhaltsangabe" können wir schon deshalb nicht geben, weil das Museum viel zu klein für die ständig wachsende Zahl von Funden ist und man daher ab und zu Neuentdeckungen gegen Altbekanntes austauscht. Doch auch dies ist nur eine Notlösung, da man auf weniger als 200 Quadratmetern den mehr als 12 000 inventarisierten Funden unmöglich gerecht werden kann. Die Wissenschaftler bedauern, keinen besseren Einblick in den Alltag der antiken Städter geben zu können, weil ihnen der Platz fehlt, um auch profane Fundstücke zu zeigen. So bleibt es vorerst bei der ihrer Ansicht nach veralteten Idee, in erster Linie schöne Großplastiken auszustellen.

Kleine, aber wichtige Zeugnisse für den kombinierten Kult der Demeter und der Dioskuren stellt die Auswahl von Weihegeschenken dar, die in einer eichenen Vitrine im Museum aufbewahrt werden. Erst diese Votivgaben in Form von Statuetten und tönernen Täfelchen, zu Tausenden gefunden in zwei Opfergruben westlich des Artemis-Heiligtums, ermöglichten eine eindeutige Identifizierung der Fundstätte als Heiligtum. Die frühe Datierung der Tontäfelchen vom 7. bis zum 4. Jahrhundert v. Chr. belegt, dass es sich dabei um eine der ältesten Kultstätten Messenes handelt, die nach der Gründung der Stadt 369 v. Chr. in das hippodamische Städtebausystem mit einbezogen wurde. Gefunden hat man Darstellungen von Reitern und Kriegern, eines beim Essen liegenden Mannes, einer sitzenden Frau und viele ähnlichen Varianten. Ein Täfelchen aus dem 5. Jahrhundert zeigt einen Mann mit einem Szepter und eine junge Frau mit einer Traubenrebe und einem Hahn, der der Szene einen erotischen Anstrich verleiht. Einzigartig ist eine Gruppe zweier auf einem Thron sitzender Frauen mit einer dritten zwischen ihnen, die die Hände in dem bekannten Gestus der Trauernden zum Kopf hebt.

In den Jahren 210 bis 180 v. Chr. schuf der Künstler Damophon, dem ein Großteil des Museumssaals gewidmet ist, die meisten seiner Werke. Er war der bekannteste Bildhauer der späten Hellenistischen Periode in Südgriechenland und in seiner Heimatstadt Messene, die zu seinen Lebzeiten ihren größten Reichtum erlangte, sowohl finanziell als auch politisch einflussreich. Aufträge erhielt Damophon weit über den Peloponnes hinaus. Er spezialisierte sich auf die Anfertigung von Götter- und Heldenstatuen und schuf im Gegensatz zu vielen zeitgenössischen Kollegen also keine Porträts und keine Bildnisstatuen, sondern ausschließlich idealisierte Gestalten. Dennoch halten die Kunsthistoriker seine Werke nicht etwa für eine „klassizistische Reaktion" auf den „asiatischen Barock", sondern stufen sie als originale neoklassizistische Schöpfungen ein. Fast alle Werke des Künstlers sind überlebensgroß und bestehen aus vielen einzeln gearbeiteten Marmorteilen, die mit Metalldübeln und Klebstoff zusammengesetzt wurden.

Pausanias, unser viel zitierter inventarisierender Schriftsteller, schätzte die Kunst des Damophon sehr. Ihm zufolge wurde der Bildhauer nach Olympia geholt, um die goldene Zeusstatue des Phidias zu reparieren. Er schreibt, dass Damophon für die Ausführung seiner Arbeit besonders geehrt wurde. Die Archäologen

Nach der Arbeit draußen geht diese im Grabungshaus weiter. Die Funde werden gesäubert, vermessen, gezeichnet und fotografiert.

Klassische Schönheit: Statue eines messenischen Jünglings.

hegen kaum noch Zweifel daran, dass das Monument unter der riesigen Steineiche im Süden des Asklepions, an besonders prominenter Stelle also, das Grabmal des Damophon ist. Gleich daneben wurde nämlich eine Säule mit Aufschriften von sieben Städten gefunden, die den messenischen Bildhauer für seine hohe Kunst ehren und ihm für Wohltaten und großzügige Spenden danken.

Beispielhaft für Damophons Schaffen werden im Museum die Körper des Machaon und des Podaleirios, der Söhne des Asklepios, ausgestellt. Beide Königssöhne werden nackt wiedergegeben, Machaon mit dem Umhang über der linken Schulter. Seinen Bruder Podaleirios stellte der Bildhauer offenbar als den jüngeren der beiden dar, mit über beide Schultern fallendem lockigen Haar. Von der Statue ihres Vaters Asklepios sind verschiedene, nicht zusammengesetzte und nicht ausgestellte Fragmente erhalten.

Diese Dreiergruppe war in einem eigenen Raum in der Nordostecke des Asklepions aufgestellt gewesen. Auch nur Fragmente erhalten und im Museum zu sehen sind vom sogenannten „thebanischen Herakles" und von einer Kolossalstatue der Tyche, die beide dem Damophon zugeschrieben werden und in zwei Räumen im Westflügel des Asklepions ihren ursprünglichen Platz hatten. Aus zehn Figuren muss ursprünglich die Gruppe „Apollon und die neun Musen" bestanden haben, von der jedoch nur der Kopf des Gottes und Fragmente der Musen gefunden wurden. Auch diese Skulpturengruppe konnten die Messenier auf einer halbrunden Basis im Westflügel des Asklepions bewundern.

Im Norden des Gymnasions, in einer modernen Stützmauer, wurde ein Teil der Statue der Göttermutter Kybele gefunden. Damophon hat den etwas überlebensgroßen Körper der weiblichen Gottheit sitzend auf einem runden Korb wiedergegeben. Um den Korbsitz windet sich eine Schlange, auf der Oberfläche des Deckels ist ein Löwenfell ausgebreitet. Der runde Korb, die Schlange und das Löwenfell gelten als Symbole für das göttliche Wesen der Dargestellten, ihre Verbindung ist auf diese Weise aber einzigartig und eine unkonventionelle Neuerung Damophons. Fragmente eines lebensgroßen Marmorlöwen aus dem selben Raum zeigen, dass die Göttin von vollplastischen sitzenden Löwen umgeben war.

Aus dem Heiligtum der Artemis stammen schließlich Bruchstücke der Kolossalstatue der Göttin Artemis Orthia Phosphoros, die von Damophon mit einer Fackel in der Hand im Typus der Jägerin dargestellt worden war. Bisher wurden die linke Hand mit der Fackel, Teile des Kopfes, der Arme und der Beine gefunden. Die beschriftete Basis dieser Zentralfigur des Heiligtums, die besonders von den messenischen Frauen als Beschützerin der Kinder verehrt wurde, hat man im Mittelschiff des Artemisions belassen. Vor der Kultstatue der Göttin Artemis Orthia bildeten Skulpturen von Mädchen und Priesterinnen einen Kreis. Im Museum ausgestellt sind die Überreste der Statuen von drei Priesterinnen der Artemis, sowie von vier jungen Mädchen, die in ihren Kult eingeführt wurden. Als Priesterinnen dienten reife Frauen, die auch mystische Kulthandlungen ausführten. Die drei Figuren der Priesterinnen sind Kopien aus dem 2. Jahrhundert n. Chr. nach bekannten vorchristlichen Statuentypen. Die Mädchenstatuen wurden von Eltern in Auftrag gegeben, deren Töchter am Übergang der Pubertät zum Stand der Frauen in den Artemiskult eingeweiht wurden. Eine der Inschriften der Skulpturenbasen im Tempel verweist auf einen Damophon, Sohn des Xenophilos, als Erschaffer der Statue. Dieser nachchristliche Damophon ist ein direkter Nachfahre des großen messenischen Bildhauers Damophon aus dem Anfang des 2. Jahrhunderts v. Chr.

Den kleinen Raum, der dem Eingang des Museums gegenüberliegt, beherrscht, obwohl nur 1,34 Meter groß, eine andere Artemis-Darstellung, die Statue der Artemis Laphria. Sie ist eine Kopie aus römischer Zeit vermutlich eines Originals von Praxiteles und wurde im Saal der römischen Villa östlich des Asklepions gefunden. Bis auf die obere Hälfte des Bogens, die wohl schon in der Antike weggebrochen war, ist sie vollständig, wenn auch aus vielen Fragmenten zusammengesetzt. Die Göttin ist auf ihr rechtes Bein gestützt und streckt das linke nach vorne. Mit der erhobenen rechten Hand zieht sie einen Pfeil aus dem imaginären Köcher, mit dem Ellbogen des linken Arms stützt sie sich auf einen Baumstamm und hält den Bogen, dessen unteres Ende in einem Schwanenkopf ausläuft. Der Kopf ist leicht geneigt, die Haare mit schwachen blonden Farbspuren sind in der Mitte geteilt und in feinen Locken zum Hinterkopf geführt, wo sie in einem Knoten zusammengefasst sind. Dieser Typus der Artemis mit einem Chiton, der einen tiefen Bausch bildet und mit einem um den Körper gewickelten Tuch wird als charakteristisch für die Artemis Kynegetis, die Jägerin, angesehen.

Das Museum Messenes platzt aus allen Nähten. Nur eine Notlösung ist daher die gegenwärtige Praxis, zahlreiche beschriftete Säulen, Skulpturenteile, Grabstelen und Inschriftensteine im Atrium und auf der Veranda des Museums aufzustellen. Dort können sie nur von weitem bewundert werden, von außerhalb des Museums, weil Besucher keinen Zutritt zu Garten und Untergeschoss des Gebäudes haben. Diese dienen nämlich den Ausgräbern als Büros, Archiv, Werkstatt und Labor zugleich ...

Geöffnet ist das Museum ganzjährig dienstags bis sonntags von 8.30 bis 14.30 Uhr.

Heute zu Besuch in Messene

Ratlose Gesichter hatte meine an Altertümern interessierte Freundin Anna vor rund 20 Jahren vor sich, als sie es sich in den Kopf gesetzt hatte, das antike Messene anzusehen. Damals gab es weder Wegweiser nach „Ancient Messene" noch Hinweise in den Landkarten, also war Anna zunächst in das moderne Messini gefahren und hatte dort herumgefragt. Ratlose Gesichter, wie gesagt, viel griechisches Palaver, bis schließlich eine gleichgesinnte Seele gefunden und deren Zeigefinger in die richtige Richtung ausgestreckt wurde. Rund 20 Kilometer nördlich musste sie suchen, in der Ebene unterhalb des Dorfes Mavromati. Die letzten zehn Kilometer waren damals unbefestigte Feldwege, die selbst die unerschrockene Anna daran zweifeln ließen, ob sie jemals ankommen würde.

Heutzutage fordert ein Besuch der antiken Metropole keinen derartigen Pioniergeist mehr. Die Straßen sind bis ans Ziel asphaltiert und alle Abzweigungen sind gut ausgeschildert.

Wer mit dem PKW unterwegs ist, folgt am besten Annas Beispiel und fährt zunächst in das neuzeitliche Messini, fünf Kilometer westlich von Kalamata. Vom dortigen Verkehrskreisel aus führt eine relativ gerade und schnelle Straße nach Norden, nach Meligalas. Nach gut 12 Kilometern, auf halber Strecke zur Kleinstadt Meligalas und am Beginn des Ortes Lambaina, biegt man nach links ab. Diese letzten zehn Kilometer kurvenreicher Fahrt durch das menschenleere, hügelige Land mit seinen silbrigen Olivenhainen, knorrigen Feigenbäumen und schlanken Zypressen vermittelt bereits die außergewöhnliche Stimmung, die die antike Stadt ausstrahlt.

Inmitten von Hainen und Gärten: Die antike Stadt.

Man passiert die Dörfer Arsinoi und Mavromati und biegt schließlich am Ortsende von Mavromati, gleich hinter dem Museum, nach links ab, hinunter zum Parkplatz der archäologischen Stätte. Das antike Messene ist noch immer, wie zu Zeiten von Annas erstem Besuch, frei zugänglich. Jeder Besucher kann also zu jeder Zeit durch das Gelände wandern, wobei dringend zu empfehlen ist, zumindest im Sommerhalbjahr Kopfbedeckung, nicht-schulterfreie Kleidung und Trinkwasser mitzunehmen.

Mit öffentlichen Verkehrsmitteln ist Messene auch zu erreichen, relativ bequem allerdings nur, wenn man die rund 20 Euro für die Fahrt mit dem Taxi von Kalamata oder Messini nicht scheut. Öffentliche Busse fahren zweimal täglich von Kalamata aus – vom Busbahnhof in der Nähe des Kastells – aber nur montags bis freitags.

Die Busse nach Messene gehen nach Petralona – das steht auch auf dem Schild in der Windschutzscheibe – und verlassen Kalamata um 5.40 Uhr morgens und um 14.05 Uhr, um etwa eine Stunde später in Mavromati anzuhalten. In der Gegenrichtung, also zurück nach Kalamata, passieren sie Mavromati etwa um 7.10 Uhr und um 15.30 Uhr. In Mavromati gibt es auch ein Taxi, dessen Besitzer, Wassilis Kouvellakis, ebenfalls rund 20 Euro für die Fahrt vom Ort nach Kalamata oder Messene verlangt (Telefon 27240 | 511 11).

Der Rundgang in antiken Stätten in Griechenland unter sengender Sonne oder, im Winter nicht selten, mit unvorhergesehener Gewitterbegleitung, weckt bei den meisten Besuchern das Verlangen nach anschließender Stärkung. Auch diesbezüglich haben sich die Zeiten geändert, seit meine Freundin Anna zum ersten Mal in Messene war. Damals war

Mavromati noch ein derart abgelegenes und verschlafenes kleines Dorf, dass die Gastronomie sehr zu wünschen übrig ließ und der örtliche Pope, als letzter Helfer in der Not, ab und zu seinen Messwein opferte, wenn es den ersten Ausgräbern oder auch Besuchern nicht nach Wasser (oder Bier) zumute war.

Inzwischen führt die Familie Kountouris direkt gegenüber der Klepsydra-Quelle eine ausgezeichnete, ganzjährig geöffnete Taverne. Von der großen Terrasse aus hat man einen beeindruckenden Blick auf die Ausgrabungsstätte, die Preise sind zivil, der Service schnell und freundlich, die Küche bietet meist etwas mehr als nur das griechische Standardprogramm.

Direkt oberhalb der Abzweigung zum Oberdorf und weiter nach Valiras gibt es außerdem das Kafenion „Artemis", bei dem man unter Weinreben auf der kleinen Terrasse ebenfalls Hunger und Durst stillen kann. Auch für Besucher, die über Nacht bleiben wollen, ist Mavromati inzwischen gerüstet.

Hell, geräumig, mit Fernseher, Kühlschrank und bei Bedarf elektrischen Heizkörpern empfiehlt sich das Haus von Viktoria und Likourgos Athanasakopoulos schräg oberhalb des Andenkenladens am Ortsende. Die Zimmer mit Bad und Balkon sind für zwei oder drei Personen eingerichtet und kosten pro Nacht im August 50 Euro, bei längerem Aufenthalt und außerhalb der Hochsaison wird es billiger (Telefon 27240 | 512 97).

Messene im Frühling. Neben der Kultur die Natur, die ebenso begeistert.

Beim Juwelierladen am Ortseingang muss man fragen, wenn man sich für das Appartment im Obergeschoss interessiert. Es besteht aus zwei Schlafzimmern für je zwei Personen, einer Küche mit Essplatz, Bad und Veranda, und kann ebenfalls elektrisch geheizt werden.

Barbara und Sotiris Kouvellakis vermieten das Appartment für 60 Euro pro Nacht im August und für 50 Euro außerhalb der Hauptreisezeit (Telefon 27240 | 512 10).

Geschichte in Zahlen

3000 v. Chr.	Beginn der minoischen Kultur auf Kreta
2000	Auf dem Peloponnes bauen die Mykener Gräber und Paläste. Wie Nestor in Messenien.
1450	Die Mykener erobern Kreta. Kultur färbt ab, nicht aber das friedfertige Wesen der Minoer.
um 1200	Trojanischer Krieg
1200 - 800	Dunkle Jahrhunderte. Im Dunkel dieser Zeit schleichen sich die Dorer auf den Peloponnes.
um 800	Griechenland findet wieder zur Schrift. Mit phönizischen Buchstaben geben sie nun ihre Sprache wieder.
776	Erste aufgezeichnete Spiele in Olympia
um 750	Homer verfasst die Ilias. Die Griechen Kleinasiens und Attikas schwärmen aus nach Übersee. In Italien, Sizilien, an der Schwarzmeerküste entstehen Kolonien.
743 - 724	Erster Messenischer Krieg
735	Gründung der ersten griechischen Kolonie auf Sizilien.
605 - 600	Zweiter Messenischer Krieg
28. 5. 585	Sonnenfinsternis, die Thales von Milet korrekt vorhersagt.
490	Dritter Messenischer Krieg
490	Einmarsch der Perser in Griechenland. Sieg der Athener über die Perser bei Marathon
480	Die Perser kommen wieder. Gewinnen an den Thermopylen, doch die Athener siegen in der entscheidenden Seeschlacht von Salamis.
464	Spartaner belagern den Ithome.
456	Kapitulation der belagerten Messenier. Die Letzten verlassen das Land. Viele siedeln sich in Naupaktos in Mittelgriechenland an.
461 - 451	Sparta gegen Athen im Ersten Peloponnesischen Krieg
447	Beginn des Baus des Parthenons auf der Akropolis in Athen.
431 - 404	Zweiter Peloponnesischer Krieg. Athen wird von Sparta vernichtend geschlagen.
399	Die Spartaner vertreiben die Messenier aus ihrem Zwischenexil in Naupaktos.

371	Schlacht von Leuktra. Die Thebaner schlagen unter Epaminondas die Spartaner.
369	Epaminondas gründet Messene und fordert die Vertriebenen zur Rückkehr auf.
362	Die Messenier kämpfen an der Seite Thebens gegen die Spartaner. Epaminondas fällt in dieser Schlacht, die deshalb nur Verlierer hat.
336	Alexander wird König und mit ihm Griechenland ganz groß. Bis nach Indien reicht nun das Reich der Hellenen.
323	Alexander stirbt in Babylon, das Reich wird dreigeteilt: Ägypten, Asien und Makedonien
272	Messenier und Spartaner kämpfen gemeinsam gegen Pyrrhos, den König von Epirus.
214	Frauen kämpfen mit, als die Messenier die Makedonen zurückschlagen.
211	Die Messenier bandeln mit der neuen Großmacht Rom an.
196	Die Römer erklären die „Freiheit" der griechischen Städte.
146	Griechenland wird ins römische Reich eingegliedert.
31	Unter Kaiser Augustus wird Griechenland die römische Provinz Achaia.

50 n. Chr.	Apostel Paulus reist durch Griechenland
150	folgt Pausanias, aber mit anderen Intentionen. Statt des einen Gotts hält er die alten Götter und ihre Häuser fest.
330	Konstantinopel wird Hauptstadt des Oströmischen Reichs.
395	Die Goten unter Alarich fallen in Griechenland ein, worunter auch Messene zu leiden hat.
380	Das Christentum wird Staatsreligion in Ostrom.
4. Jahrhundert	Eine frühbyzantinische Siedlung wird gegründet, die bis ins 9. Jahrhundert hinein besteht. Danach wird Messene endgültig verlassen und Vergessen senkt sich samt neun Metern Schwemmerde auf die Stadt. Wieder brechen Dunkle Jahrhunderte an, diesmal die des Mittelalters.

Wer sich weiter in Messene vergraben will

Bayer, Erich
Griechische Geschichte
Stuttgart 1977
ISBN 3-520-36202-3

Blouet, Abel
Expédition Scientifique de Morée
Paris 1831

Boardman/Griffin/Murray
The Oxford History of the Classical World
Oxford 1986
ISBN 0-1987-2112-9

Cartledge, Paul
Kulturgeschichte Griechenlands in der Antike
Cambridge 1998
ISBN 3-476-01653-6

Friedell, Egon
Kulturgeschichte Griechenlands
München 1987
ISBN 3-432-01660-4

Herodot
Historien Buch I –IX
München 1991
ISBN 3-423-02256-6

Homer
Ilias/Odyssee
München 1988
ISBN 3-538-05117-8

Pausanias
Beschreibung Griechenlands
Band 1 und 2
München 1975
ISBN 3-423-06008-5

Plutarch
Von großen Griechen und Römern
München 1991
ISBN 3-423-02259-0

von Ranke-Graves, Robert
Griechische Mythologie
Reinbek 1984
ISBN 3-499-55404-6

Speake, Graham
Encyclopedia of Greece and the Hellenic Tradition
London/Chicago
ISBN 1-579-58141-2

Stibbe, Conrad M.
Das andere Sparta
Mainz 1996
ISBN 3-8053-1804-9

Themelis, Petros
Das antike Messene
Athen 2003
ISBN 960-214-206-5

Themelis, Petros
Heroes at Ancient Messene
Athen 2003
ISBN 960-8145-38-4

Thukidides
Geschichte des Peloponnesischen Krieges
München 1991
ISBN 3-423-02258-2

Walbank, Frank W.
Die hellenistische Welt
München 1983
ISBN 3-423-04402-0

Zangger, Eberhard
Ein neuer Kampf um Troja
München 1994
ISBN 3-426-26682-2

Wenn andere die heißen Nachmittage durchschlafen, wird im Grabungshaus weiter gearbeitet.

Autorinnen
Eva Maria Lang und
Dr. Waltraud Sperlich

Lektorat
Horst Schaffer, Ruth Rehbock

Titelbild
Ulrich Schendzielorz

Gestaltung
modus.media@gmx.net

Informationsgrafik
modus.media@gmx.net

Reproduktion
info@digigra4.de

Druck
Henkel GmbH Druckerei

Fotos | Abbildungen
Historische Darstellungen:
63, 64, 65
Eva Maria Lang:
49, 64, 68, 72, 79, 86, 87, 88, 89, 90,
92, 93, 94, 97, 98
Rolf Weinert:
14, 16, 31, 47, 80, 88, 94, 102
Staatsbibliothek Preußischer
Kulturbesitz:
37
Horst Schaffer:
24, 78, 95, 106
Ulrich Schendzielorz:
6-7, 12-13, 18, 21, 23, 24, 27, 29,
34, 35, 36, 38, 40-41, 43, 44, 51, 53,
54, 55, 56-57, 59, 60, 61, 62, 67, 71,
78, 82-83, 88, 89, 90, 93, 95, 96, 97,
98, 99, 101, 105, 111

www.lyso.gr
Zweite Auflage 2009
Printed in Germany
ISBN 960-630-274-1